기획 유현준

홍익대학교 건축도시대학 교수 및 유현준앤파트너스 대표 건축가, 미국 건축사입니다. 하버드 대학교, MIT, 연세대학교에서 건축 공부를 했습니다. 하버드 대학교를 우등으로 졸업 후 세계적인 건축가 리처 마이어 사무소에서 실무를 했습니다.
건축으로 세상을 조망하고 사유하는 인문 건축가로서, 건축가는 사회의 복잡한 관계를 정리해 주는 사람이라고 생각하며, 잘 어우러질 수 있는 화목한 건축으로 관계와 사회를 바꿔 나가고 있습니다. 또한 여러 매체에 글을 연재하면서 방송 출연 및 유튜브 〈셜록 현준〉을 통해 공간과 건축 이야기를 쉽게 전하고 있습니다.

글 강지혜

재미없는 글을 쓸 바엔 키보드를 만지지 않겠다는 마음으로 어린이 책을 쓰고 있습니다.
쓴 책으로는 『오 마이 갓! 어쩌다 사춘기』 시리즈, 『반려식물 키우기』, 『게임 회사에서는 하루 종일 게임만 할까?』, 『망원경은 타임머신이야』, 『요즘 어린이 맞춤법』, 『티라노의 열두 달 채소 먹기』 등이 있습니다.

그림 불곰

청강문화산업대학교에서 만화 창작을 전공했고, 웹툰 플랫폼 리디북스에서 〈아삭아삭 테이블〉을 연재했습니다. 현재는 동화 삽화 및 일러스트 작업을 주로 하고 있으며, 앞으로 따뜻한 그림을 그리는 작가로 기억되면 좋겠습니다.

창의력을 키우는 어린이 건축 동화

기획 **유현준** | 글 **강지혜** | 그림 **불곰**

세상을 연결하는 힘, 건축에서 시작됩니다.

우리는 어릴 때부터 국어, 영어, 수학, 과학, 사회, 음악, 미술 등 다양한 과목을 배우며 성장합니다. 학교에서는 지식을 과목들로 나눠서 가르치고, 우리는 각기 다른 분야의 지식을 쌓으며 세상을 이해하려 노력하죠. 하지만 이렇게 나뉘어 있는 지식들을 하나로 엮어 생각하는 '통합적 사고력'은 잘 가르쳐 주지 않습니다. 결국 우리는 많은 것을 배우고도 그것들을 유기적으로 연결하여 새로운 생각을 만들어 내는 데에 서툴 수밖에 없습니다.

아는 건 많은데, 왜 생각은 막힐까?

이러한 문제의 원인은 무엇일까요? 그것은 우리가 배우는 수많은 지식들 사이를 잇는 구심점이 없기 때문입니다. 국어 시간에 배운 시를 수학의 원리와 연결해 본 적이 있나요? 역사 속 인물의 삶을 물리 법칙과 결합해 상상해 본 경험이 있나요? 대부분은 그렇지 않을 것입니다. 우리는 여전히 '과목'이라는 틀 안에 갇혀, 각각의 분야를 따로따로 이해하는 데 익숙합니다. 하지만 세상은 그렇게 나뉘어 있지 않습니다. 실제 사회는 훨씬 더 복잡하고, 모든 것이 유기적으로 얽혀 있는 거대한 네트워크입니다.

그렇다면 서로 다른 지식들을 연결하는 구심점은 무엇이 되어야 할까요? 그 해답 중 하나가 바로 '건축'입니다. 건축은 단순히 집을 짓는 일이 아닙니다. 건축은 인간이 살아가는 공간을 설계하고, 그 안에서 삶이 펼쳐지도록 만드는 종합적인 작업입니다. 하나의 건축물이 완성되기 위해서는 과학, 기술, 예술, 경제, 역사, 심리학 등 수많은 분야가 유기적으로 연결되어야 하기 때문입니다. 건축가는 사람들의 동선과 삶의 방식, 자연환경, 주변 도시와의 관계, 재료의 물리적 특성, 그리고 그 공간에서 일어날 문화적 경험까지 생각합니다.

『유현준의 세계 건축 대모험』은 건축이라는 렌즈를 통해 세상을 새롭게 들여다보는 여정을 담고 있습니다. 이 여정은 단순히 벽돌과 철근으로 구성된 건물을 설명하는 것이 아니라, 그 속에 담긴 역사와 기술, 예술과 사회의 의미를 풀어내는 여행이 될 것입니다. 각 도시의 건물들과 공간들이 왜 그렇게 만들어졌는지, 그 안에 어떤 사람들의 이야기가 숨어 있는지, 건축을 통해 어떻게 우리의 삶이 바뀌고 있는지를 흥미롭고 쉽게 설명합니다.

건축으로 여는 창의적, 통합적 사고의 문

특히 어린이와 청소년 독자들에게 이 책은 새로운 눈을 열어 줄 것입니다. 이 책은 교과서에서 단절된 채로 배우는 지식들을, 실제 도시와 건축 속에서 어떻게 연결하고 응용할 수 있는지를 보여 줍니다. 수학이 건축 구조에 어떻게 쓰이는지, 과학이 건물의 안전과 에너지 효율을 어떻게 책임지는지, 미술이 건축물의 아름다움을 어떻게 표현하는지를 직접 체험하듯 알게 될 것입니다. 이를 통해 독자들은 점점 더 복잡해지는 세상 속에서 창의적으로 사고하고, 여러 분야를 통합해 문제를 해결하는 능력을 키워 나갈 수 있을 것입니다.

『유현준의 세계 건축 대모험』은 단지 건축을 배우는 책이 아닙니다. 이 책은 세상을 바라보는 새로운 시선을 선물하고, 우리의 머릿속에 흩어져 있던 지식들을 하나로 연결하는 지도와도 같은 책입니다. 책장을 넘길 때마다 여러분은 마치 도시 위를 걸으며 공간의 속삭임을 듣고, 건물과 대화하는 듯한 신선한 경험을 하게 될 것입니다.

이제 모험을 시작해 볼까요? 건축이라는 창을 통해 세상을 탐구하고, 생각의 판을 넓히는 이 여정이 여러분에게 새로운 영감을 안겨 주길 바랍니다. 흥미로운 건축 이야기 속으로 함께 떠나 봅시다. 건축은 곧 세상의 이야기니까요.

건축가 **유현준**

 **차례**

저자 소개   2
기획자의 글   4
등장인물 소개   8

1 너, 내 집사가 돼라!   10
    캣마블 후계자 양성소   고대 이집트의 모든 것   28

2 악어 떼에 엉덩이를 조심할 것!   30
    캣마블 후계자 양성소   나일강이 있기에 피라미드가 있다   46

3 노예 말고 일꾼이 필요해!   48
    캣마블 후계자 양성소   피라미드 건축의 핵심, 돌   66

4　피라미드 장인 마을에 도착하다　68
캣마블 후계자 양성소　피라미드의 변천사　88

5　사라진 피라미드의 설계도　90
캣마블 후계자 양성소　피라미드 모양의 비밀　106

6　우리만의 피라미드를 완성해　108
캣마블 후계자 양성소　피라미드에 숨은 권력　134

에필로그: 게임은 계속된다!　136
부록　140

등장인물 소개

현준 — 대한민국 대표 건축가

뛰어난 집중력과 분석력의 소유자. 전 세계의 건축물, 특히 랜드마크를 사랑한다. 갑자기 랜드마블 게임에 참여해 당황하지만, 이내 게임을 즐긴다. 게임이 시작되면 건축가 유현준의 지식과 기억을 갖고 겉모습만 아이의 모습으로 바뀌는 것이 특징!

아키 — 캣마블의 리더 후계자

캣마블 후계자에는 관심 없는 불량 고양이. 하루 종일 잠자는 게 취미다. 리더이자 엄마인 호야의 꼬임에 넘어가 얼떨결에 랜드마블 게임을 시작한다. 집사 현준이 미덥지 않지만 의지할 것은 현준뿐이다.

캣마블 — 리더 호야와 요원들

인류와 오랜 역사를 함께하며 랜드마크를 보호해 온 고양이 비밀 집단. 고대의 신비로운 게임 랜드마블을 만들었다. 캣마블의 리더이자 아키의 엄마인 호야는 아키를 후계자로 양성하기 위해 랜드마블 게임에 참여시킨다.

다리아   이집트의 귀족 소녀

고대 이집트에 사는 열 살 소녀. 정이 많고 씩씩하다.
고양이를 사랑해서 아키를 보자마자 눈을 떼지 못한다.
피라미드를 보러 가야 하는 자기만의 이유가 있어서
현준, 아키와 함께 피라미드로 향한다.

스핑크스

이집트 신화에 나오는 괴물

사자의 몸통에 사람의 머리를
가지고 있다. 어려운 수수께끼를 내서
못 푸는 사람에게 벌을 준다.

파라오의 갈고리

랜드마블 게임 진행을 도와주는 안내자

도움을 주는 것 같긴 한데,
마냥 믿을 수만은 없다.

쿠푸 왕

고대 이집트의 파라오

고대 이집트 최고 통치자로서,
건설 중인 피라미드의 주인이다.
피라미드 공사 중에 도둑맞은
피라미드의 설계도를 찾고 있다.

 담장 위로 올라간 고양이가 급식소를 내려다보았다. 한눈에 봐도 지저분한 흔적들로 어수선했다. 주변에는 쓰레기가 가득했고, 눅눅해진 사료가 바닥에 쏟아져 있었다.

하지만 고양이는 아랑곳하지 않고 담장에서 휙 내려와 급식소 쪽으로 향했다. 그러고는 망설이지 않고 급식소 깊은 안쪽으로 천천히 들어가 주변을 두리번거렸다. 바닥에서 무언가를 찾는 모양이었다.

　지하에 위치한 이곳은 전 세계의 랜드마크를 지키는 비밀 고양이단 '캣마블'의 본부였다. 본부 한가운데에는 랜드마크의 상태를 비추는 냥구슬이 있었다. 캣마블의 고양이 요원들은 매일 맑은 마음으로 냥구슬을 바라보며 춤추고 노래했다. 랜드마크의 안전을 기원하는 의식이었다.

피라미드는 캣마블의 보호 마법이 깃든 장막에 둘러싸여 있었다. 랜드마크를 지키는 마블링이었다. 누군가가 랜드마크를 위협하며 마블링을 건드리면, 캣마블 본부에 있는 요원들이 곧바로 냥구슬을 통해 상황을 확인할 수 있었다.

"비상! 마블링에 문제가 생겼다!"

냥구슬을 통해 피라미드 마블링이 깨지는 모습이 보이자, 평화롭던 캣마블 본부가 소란스러워졌다.

냥구슬을 지켜보던 요원들이 분주하게 움직이기 시작했다.

"호야 님에게 어서 이 사실을 알려야 해."

"지금 아키 님의 방에 계실 거야!"

캣마블 요원들이 다급하게 자초지종을 설명하자, 캣마블의 리더인 호야의 얼굴이 급격히 어두워졌다.

요즘 마블링이 부쩍 자주 깨지는군…….

최근 호야의 고민이 깊었다. 랜드마크를 파괴하며 캣마블의 활동을 방해하려는 움직임이 잦아졌기 때문이다.

우선 깨진 마블링을 고치려면 캣마블 리더가 나서서 인간 집사와 함께 랜드마블 게임을 해야 한다. 게임을 통해 랜드마크의 가치를 되새기면, 마블링을 다시 단단하게 만들 수 있기 때문이다.

호야가 요란하게 코를 고는 아키를 노려보았다. 캣마블의 차기 리더가 되어야 할 후계자 아키는 사고뭉치에다가 잠만 자느라 랜드마크를 지키는 데는 눈곱만큼도 관심이 없었.

아직 정체가 확실하지 않은 캣마블 방해 세력만큼이나 아키는 호야의 골칫거리였다. 아키만 생각하면, 캣마블의 미래가 걱정되어 밤에 잠도 오지 않을 정도였다.

깊은 근심과 고민에 빠져 있던 호야가 번뜩 눈을 떴다.

이왕 이렇게 된 거 후계자 수업을 시켜야겠다. 그것도 아주 제대로!

백날 책상에 앉혀 놓고 공부를 시켜 봐야 소용이 없으니, 바로 몸으로 배우게 해야겠다는 생각이 들었다.

"이번 게임은 아키에게 시키죠."

"네? 하지만 아키 님은 아직……."

호야의 폭탄선언에 다른 요원들이 걱정을 표했다.

"괜찮습니다. 믿음직한 집사를 점찍어 놨어요. 그 집사와 함께면 아키도 해낼 수 있을 거예요."

단호하게 말을 마친 호야가 아키를 깨웠다.

잠에서 덜 깬 아키가 고개를 갸우뚱했다.

"이 주사위는 뭐예요?"

호야가 친절하게 설명했다.

"엄마가 부탁 좀 할게. 이걸 가지고 네 집사 좀 만나 볼래?"

"집사라니요? 제가 집사가 있어요?"

아직 상황을 파악하지 못한 아키가 어리둥절해하는 사이, 호야가 엉덩이를 씰룩 움직여 아키를 침실 안으로 밀어 넣었다.

그 시각

현준은 책상에 놓인 의문의 상자를 살펴보았다. 택배 송장이나 주소는 보이지 않았다. 상자에는 고양이 발자국이 살포시 찍혀 있었고, 상자 위로 고양이 털이 풀풀 날아올랐다.

상자를 열자 오래된 유물처럼 신비로운 느낌의 보드게임판과 주사위, 편지 한 장이 나왔다. 게임판 겉에는 '랜드마블'이라는 이름과 함께 고양이 마크가 그려져 있었다.

현준은 게임판을 잠시 내려놓고, 편지를 펼쳐 보았다.

> 집사에게
>
> 당신을 랜드마블 게임으로 초대한다.
> 이 게임은 수천 년 전, 신비롭고 비밀스러운 고양이단,
> 캣마블에서 시작되었다.
>
> 부디 이 게임을 완료하고 랜드마크를 지켜라.
> 당신의 손에 인류의 운명이 달려 있다.
>
> ― 캣마블의 리더로부터 ―

"랜드마블 게임? 캣마블? 이게 다 뭐지……?"

그래도 현준은 랜드마크를 지키라는 말에 흥미를 느꼈다.

현준은 평소에도 랜드마크에 관심이 많았다. 이집트의 피라미드, 프랑스의 에펠탑, 중국의 만리장성 등은 건축학적으로 뛰어날 뿐만 아니라, 그 나라의 역사와 정신까지 담고 있기 때문이다.

랜드마크를 지키는 보드게임이라….

현준은 편지에 적힌 내용을 이해할 수 없었지만 한 가지 생각은 확실했다.

이거, 재밌겠는데?

현준은 무언가에 이끌리듯 게임판을 열었다.

현준이 눈을 뜬 곳은 사막 한 복판이었다. 더 놀라운 건 현준의 몸이 열 살 정도의 아이로 변해 있었다는 것!

하지만 정신은 여전히 어른인 현준 그대로였다. 도대체 무슨 일이 일어난 걸까?

두 발로 서서 화를 내는 고양이까지 만나자 현준은 정신을 바짝 차려야겠다고 다짐했다.

아까 그 이상한 보드게임과 관련이 있는 게 분명해.

사실, 아키도 사막 한복판에 서 있는 자신의 상황이 어이없었다.

"흥, 네가 내 집사인가?"

하지만 아키 눈앞에 서 있는 현준 역시 무슨 일이 일어난 건지 알 리가 없었다. 집사는 또 뭐람?

현준은 상황을 파악하려고 애썼다.

"아까 이상한 편지랑 보드게임 판을 받았는데, 고양이가 보낸 거였나……. 혹시 네가 캣마블의 리더야?"

"아니, 우리 엄마가 리더야. 나도 게임에 대해서는 잘 몰라."

어쩐지 아키는 느긋해 보였다.

갑자기 덮친 모래바람에 둘의 싸움이 멈췄다. 둘은 모래를 퉤 퉤 뱉으며 이곳이 사막이라는 사실을 다시 한번 실감했다.

아키가 애써 위로했다.

"집사, 진정해. 주변에 도와줄 사람이 있을 거야."

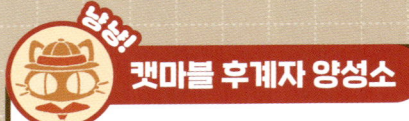

고대 이집트의 모든 것

오늘의 비밀 수업

피라미드가 있는 곳이 어디인지 알아?

이집트잖아! 나도 그 정도는 안다고, 흥!

캣마블 비밀 꿀팁

피라미드와 고대 이집트 문명

피라미드는 고대 이집트에서 만들어진 대표적인 건축물이야. 고대 이집트 왕국은 인류의 고대 문명인 '이집트 문명'을 기반으로 기원전 3100년경 세워졌지.

인류가 아주 이른 시기에 문명을 일으킨 지역으로는 메소포타미아, 황하, 인더스, 그리고 나일강 유역의 이집트가 있어. 이들을 흔히 '세계 4대 문명'이라고 불러. 이들 문명은 모두 큰 강을 끼고 형성되었는데, 강 주변의 비옥한 토지 덕분에 사람들이 모여들고 농경이 발달하면서 시작되었지.

고대 이집트의 왕은 파라오!

이집트 사람들은 매의 머리를 한 태양의 신 호루스가 파라오가 되었다고 믿었기 때문에 파라오를 신으로 추앙했어. 파라오는 신전을 짓고 신에게 제사를 지내며 이집트의 평화를 빌었어. 또 자신이 신과 가까운 존재임을 보여 주기 위해 거대한 석조 건축물을 세웠지. 파라오가 만든 건축물들은 신비로운 힘을 가진 공간으로 여겨졌어. 그중 하나가 파라오를 위한 커다란 무덤, 피라미드야.

태양의 신, 호루스 ▶

고대 이집트의 기나긴 역사

고대 이집트 문명이 시작된 나일강 유역은 땅이 비옥해서 아주 오래전부터 사람들이 모여 살았어. 처음에는 나일강 상류의 상 이집트와 하류의 하 이집트로 나뉘어 있다가, 기원전 3100년경 두 나라가 하나로 합쳐지며 이집트 왕국이 시작됐지.

고대 이집트는 3000년이 넘는 긴 세월 동안 왕조가 이어진 만큼, 나라가 나뉘거나 외부의 침략을 받기도 했어. 이런 시기를 '중간기'라고 불러. 그래도 중요한 신전이나 무덤 같은 건축물은 계속 지어졌지.

이집트 왕국은 신왕국 시대에 가장 번영했는데, 이 시기에 카르나크 신전이나 람세스 2세의 아부심벨 신전 같은 웅장한 건축물이 만들어졌어. 하지만 결국 로마의 침략을 받으면서 마지막 파라오였던 클레오파트라가 물러나고, 고대 이집트의 역사는 막을 내리게 돼.

> 기원전 3100년? 5000년 전에 이 모든 일이 일어났다고?

> 그게 바로 이집트 피라미드가 세계의 불가사의로 꼽히는 이유지.

 **아키의 노트 필기**

고대 이집트는 나일강 유역에서 시작된 고대 문명 국가로, 파라오가 다스리는 나라였다. 파라오는 신전과 피라미드 같은 웅장한 건축물을 세우며 신처럼 여겨졌다. 이집트는 3000년 넘게 이어졌지만, 결국 로마에 의해 멸망했다.

아키와 현준은 서로를 꼭 껴안은 채 부들부들 떨었다. 어찌나 겁에 질렸는지 아키는 등 털이 바짝 섰고, 현준도 진땀을 뻘뻘 흘릴 정도였다.

어려지지만 않았어도, 싸워 볼 만했을 텐데!

"얘들아, 난 괴물이 아니야!"

무섭게 다가오던 존재가 몸을 감고 있던 붕대를 훌훌 풀었다. 그제야 하얀 천이 허리 밑으로 쭉 떨어지는 튜닉 드레스를 입은 여자아이가 제대로 두 눈에 들어왔다.

아키를 보며 눈을 빛내던 다리아가 아키에게 대뜸 말했다.

"아키야, 우리 집에 가서 같이 살자!"

"흠, 그럴까? 만사가 귀찮은데!"

아키의 말에 기겁한 현준이 한마디 하려던 찰나, 다리아가 갑자기 울먹였다.

다리아는 한참을 울고 나서야 겨우 눈물을 그쳤다.

이때다 싶어 현준이 물었다.

"그런데 다리아, 넌 여기서 뭐 해?"

"피라미드로 가는 길이었어. 마우를 위한 무덤을 만들고 싶은데, 다른 무덤은 어떻게 만들어지나 보고 싶어서. 그런데 길을 잃었지 뭐야."

현준은 아까 받은 편지의 문장을 번뜩 떠올렸다.

랜드마크를 지켜라.

현준은 그 랜드마크가 피라미드일지도 모르겠다고 생각했다.

하지만 아키는 관심 없다는 듯 옆에서 하품만 쩍 할 뿐이었다.
현준이 고개를 절레절레 젓고는 다리아에게 말했다.
"다리아, 우리도 피라미드까지 같이 가도 될까?"
"좋아! 같이 갈 친구가 생겨서 너무 좋아!"
다리아가 펄쩍 뛰면서 아키와 현준을 껴안았다.
"아키, 피라미드 근처 마을에는 맛있는 생선이 많아!"
"그래? 그럼 얼른 가자!"
생선이 많다는 소리에 잠이 확 깬 아키는 솜방망이 같은 두 주먹을 불끈 쥐었다.
그때였다. 땅 밑이 흔들리기 시작했다.

현준은 바닥을 살펴보고는 깨달았다. 자신이 서 있는 곳이 바로, 사무소에서 받았던 의문의 보드게임 판 위라는 것을!

이럴 수가! 주사위까지 똑같잖아. 전부 크기만 커졌어.

평소에 현준은 무엇이든 차근차근 분석하고 수수께끼를 푸는 걸 좋아했다. 그래서인지 정체를 알 수 없는 이 게임이 조금씩 궁금해지기 시작했다.

한편, 아키와 다리아는 게임판의 '시작' 칸에서 나가 보려고 했지만, 그럴 수가 없었다. 마치 투명한 벽이 막고 있는 것 같았다.

"여기에 갇힌 것 같아!"

아키가 투덜대자 현준이 주사위를 두 손으로 집어 들었다. 그러고는 어릴 적 가지고 놀던 보드게임을 떠올리며 말했다.

"주사위를 던져서 나오는 숫자만큼 이동할 수 있을 거야."

"그런데 주사위에 저 그림은 뭐야? 숫자만 있는 게 아닌데?"

다리아가 주사위 한쪽을 가리켰다.

주사위에 그려진 고양이 그림을 보고 현준과 다리아가 고개를 갸웃했다.

잠시 후, 현준이 결심한 듯 말했다.

"일단 던져 보자!"

현준은 주사위를 휙 던졌다.

수수께끼 같은 문구를 본 다리아가 외쳤다.

"이집트에서 가장 긴 강은 나일강이야!"

"다리아, 너 똑똑하다!"

아키의 칭찬에 다리아가 아키를 쓱쓱 쓰다듬자, 아키가 갸르릉 소리를 내며 애교를 부렸다.

어느새 보드게임 판은 사라져 있었다. 현준은 주변을 두리번거리며 나일강을 찾아보려 했지만, 어디를 보아도 모래사막뿐이었다. 그때 문득 좋은 생각이 떠올랐다.

현준이 손가락으로 하늘을 가리켰다.

"저기를 봐! 새 떼가 날아가는 방향으로 가면 돼."

현준이 가리킨 방향으로 새들이 멀리 날아가고 있었다.

"현준의 말이 맞아! 새가 가는 곳에는 분명 물이 있을 거야."

다리아가 현준을 향해 엄지를 치켜세웠다. 그 모습에 아키가 샘이 났는지 둘 사이에 끼어들었다.

"잠깐만, 나도 알아! 내가 냄새는 기가 막히게 잘 맡거든!"

아키가 킁킁거리며 냄새를 맡았다. 그러자 어디선가 비릿한 물고기 냄새가 솔솔 풍겨 왔다. 아키가 좋아하는 냄새였다.

"저쪽 맞네! 내가 앞장설게! 다들 따라 와!"

 나일강은 매년 여름이 되면 범람했고, 이집트 사람들은 이 시기를 정확하게 예측했다. 범람한 물이 빠지고 나면, 질퍽거리는 진흙이 두둑이 쌓였다.

 다리아가 지나가는 염소 떼를 보면서 말을 이었다.

 "이집트를 '케메트', 즉 검은 땅이라고 부르는 이유가 바로 이 나일강 흙 때문이야. 범람 후에 생긴 까만 진흙은 아주 기름져서 농사를 짓기에 딱 좋거든."

 다리아가 흙탕물에 잠겨 있는 밭을 가리켰다. 나중에 빵의 재료인 밀과, 옷의 재료인 아마를 심을 곳이었다.

다리아가 강가에서 쉬는 새를 향해 손을 흔들며 말했다.

"자, 이제 나일강 상류에 다 온 것 같아."

아키는 새들이 쩝쩝대며 물고기를 먹는 모습에 군침을 삼켰다. 사막에 떨어진 뒤로 아무것도 먹지 못해 배가 고팠다.

쿠구구 쿵!

그때, 아이들 발밑에서 또다시 커다란 게임판이 나타났다.

마지막으로 아이들이 서 있었던 고양이 그림 칸 위였다. 아까 탐험 카드가 있던 자리에 카드 대신 파피루스가 놓여 있었다. 아키가 파피루스를 집어 들고 살피기 시작했다.

"에이, 뭐야. 보물 지도라도 주는 줄 알았더니."

뒤집어 보고 거꾸로 보아도 무슨 그림인지 알 수 없었다. 붓으로 그린 까만 선이 전부였다.

이번에는 현준이 종이를 들여다보았다.

"이건 설계도야. 아까 카드에 '보상'이라고 쓰여 있던 설계도라는 게 이건가 봐."

현준의 날카로운 눈썰미를 피해 갈 수는 없었다. 파피루스에 그려진 건 분명 어떤 건축물의 설계도였다.

그때, 현준의 머릿속을 스치고 간 문장이 있었다.

네 개로 갈라진 피라미드가 하나가 될 때, 모든 것이 제자리로 돌아온다.

아키가 발톱을 바짝 세우고 주변을 경계하던 그 순간.

"피, 피해! 위험해!"

다리아가 무언가를 본 듯 깜짝 놀라 소리를 지르며 도망치다가 그만 돌부리에 걸려 풀썩 넘어지고 말았다. 그 덕분에 다리아는 진흙을 온몸에 홀라당 뒤집어썼다.

현준과 아키는 그런 다리아를 보고 웃음을 터뜨렸다.

"크하하하, 뭐야? 악어라도 본 거야?"

하지만 웃음도 잠시, 모두 소리지르며 도망치기 시작했다.

"으악! 진, 진짜 악어잖아!"

거대한 악어가 커다란 턱을 좌우로 흔들며 빠르게 쫓아왔다. 쩍 벌어진 입안에 무시무시한 이빨이 가득했다.

"다들 넘어지지 않게 조심해!"

까만 진흙 때문에 길은 온통 미끄러웠다. 빨리 도망치고 싶어도 마음처럼 되지 않았다. 자꾸만 발을 헛디뎌 넘어질 것 같았다.

"이야아옹! 보이는 것보다 악어는 더 가까이 있다아아옹!"

아키는 젖 먹던 힘까지 쥐어짜며 달렸다. 하지만 점점 악어의 이빨이 가까워지고 있었다. 그때였다.

어부 아저씨가 배를 움직이기 시작하자 아이들은 놀란 가슴을 겨우 쓸어내렸다.

"고맙습니다, 아저씨. 덕분에 살았어요."

"이렇게 만나서 정말 다행이구나."

나일강에는 악어와 하마가 우글거렸다. 긴 막대로 이들을 쫓아내는 건 어부에게 일상이었다.

배를 타고 나일강을 건너며 안정을 찾고 나니, 현준의 눈이 다시 호기심으로 빛나기 시작했다.

"배가 엄청 빠르네요. 혹시 이 배도 파피루스로 만들었나요?"

"맞아. 파피루스 갈대로 만들었지. 그래서 가볍고 빠르단다."

"파피루스로 종이를 만든다는 건 알았는데, 신기하네요."

어부 아저씨가 벌레를 미끼로 꿰어서 낚싯줄을 강으로 던졌다. 그러면 잉어나 숭어, 메기 등이 잡힌다고 했다.

"나일강에는 없는 게 없네!"

아키의 감탄에 아저씨가 넉넉한 미소를 지으며 대답했다.

"나일강은 우리에게 모든 것을 주지. 마실 물과 음식, 집을 지을 진흙 벽돌, 입을 옷과 이웃 나라 물건까지!"

잠시 후, 어부 아저씨는 배의 속도를 서서히 줄여 온통 새하얀 돌로 가득한 곳에 모두를 내려 줬다. 다리아의 두 눈이 커졌다. 현준은 그새 꾸벅꾸벅 졸고 있던 아키를 흔들어 깨웠다.

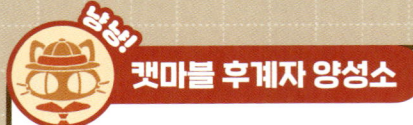

나일강이 있기에 피라미드가 있다

오늘의 비밀 수업

이집트에서 가장 긴 강의 이름은?

정답, 나일강! 이집트에게 나일강은 선물이지.

캣마블 비밀 꿀팁

아프리카를 타고 흐르는 나일강

나일강은 아프리카 대륙에서 가장 긴 강으로, 길이가 무려 약 6,700킬로미터나 돼. 아마존강과 함께 세계에서 손꼽히는 긴 강이지. 나일강은 적도 부근에서 시작해서 에티오피아와 수단 등을 지나고, 이집트를 따라 흐르다가 지중해로 흘러 나가.

고대에는 나일강이 아프리카 내륙과 북부, 그리고 사하라 사막을 연결하는 중요한 교통로였어. 그래서 나일강을 따라 농사를 짓고 건축 자재를 실어 나르며 도시가 생겨나고 국가로 발전했지.

◀ 이집트의 수도 카이로를 가로지르는 나일강의 모습

나일강의 선물

　나일강은 피라미드를 짓는 데 큰 역할을 했어. 나일강 주변에 석회암과 사암이 풍부하게 매장되어 있어서 강을 따라 채석장이 생겼거든. 강을 통해 무거운 돌을 옮겨서 건축에 활용할 수 있었지. 그래서 피라미드와 신전 같은 거대한 건축물들은 대부분 나일강 가까이에 세워졌어.

　또, 나일강은 농사에도 도움이 됐어. 사막 기후 때문에 토양이 척박해지기 쉬웠지만, 나일강이 매년 범람하면서 비옥한 흙을 남겨 줬기 때문에 농사를 짓기 좋은 환경이 됐지. 이집트 사람들은 나일강 주변의 농경지에서 *아마, 밀, 보리 등을 수확했어.

*아마: 아마과의 한해살이풀. 껍질의 섬유로는 리넨 등의 천을 짜고, 씨 '아마인'은 기름을 짜며 약재로도 쓴다.

이집트 문명이 번영하는 데 나일강이 큰 역할을 했어.

지금은 나일강에 댐이 생겼다고?

　1902년, 나일강 중류에 있는 아스완시에 댐이 만들어졌어. 댐에 물을 저장해서 건기 농사에 쓰자는 계획이었지. 하지만 댐이 생기면서 나일강의 자연 범람이 멈추고, 땅의 소금기가 씻겨 나가지 않아 오히려 농작물이 피해를 입기도 했어.

　또한 댐 건설로 아부심벨 신전 같은 고대 유적이 물에 잠길 뻔했어. 그래서 신전이 물에 잠기지 않도록 신전을 통째로 옮기는 대규모 구조 작업이 이루어졌지.

◀ 아스완 댐으로 막힌 나일강의 모습

아키의 노트 필기

나일강은 세계에서 손꼽히는 긴 강으로, 아프리카 대륙을 흐른다.
나일강을 이용해 돌을 나를 수 있어 피라미드 건설에 큰 도움이 되었고,
나일강의 범람 덕에 농사를 짓기 좋은 환경이 만들어졌다.

눈이 부시게 하얗고 거대한 바위들이 절벽처럼 둘러싼 채석장에는 직육면체 모양으로 반듯하게 잘린 돌들이 놓여 있었다. 그 크기가 너무 거대해서 한두 명의 힘으로는 절대 옮길 수 없을 정도로 무거워 보였다.

현준이 돌에 일정한 간격으로 뚫린 구멍을 발견했다. 아키가 발톱을 세워 돌을 긁자 매끈한 표면에 고양이 발톱 자국이 쭉 그어졌다.

아키의 장난스러운 모습에 현준이 피식 웃으며 말했다.

"이건 석회암이야. 깎고 자르기 쉬운 편이지."

"어떻게 알았어? 이집트에는 석회암이 아주 많거든."

다리아가 자기 집 정원에도 석회암으로 된 조각상이 있다고 자랑하려던 그 순간.

긴장한 현준이 침을 꿀꺽 삼키고는 주사위를 힘껏 던졌다.

제발 몬스터만은 피해 줘!

이윽고 하늘을 붕 날아오른 주사위가 바닥으로 떨어졌다. 아까 이상하다고 생각했던 고양이 그림이 나왔다.

생각해 보니 탐험 카드에 그려진 고양이 그림과 똑같았다.

"그렇다면 혹시……?"

현준이 탐험 카드 칸으로 성큼성큼 달려갔다. 다리아와 아키도 얼른 뒤를 따랐다. 설마 하는 마음에 도착한 탐험 카드 칸에 아까처럼 카드가 있었다.

현준은 자신의 예측이 맞자 신이 났다.

"역시 내 생각이 맞았어!"

아키도 신이 나서 거들었다.

"앞으로 주사위에서 이 고양이가 나오면 탐험 카드 칸으로 갈 수 있겠네, 냥!"

아키는 간단한 설명도 지루하다는 듯 하품을 크게 하더니, 햇빛이 들어오는 자리를 찾아서 앉았다.

"흐아암, 머리 쓰는 건 질색이야."

다리아도 다리가 아프다며 아키 옆에 주저앉았다. 하지만 포기할 현준이 아니었다. 힌트가 될 만한 게 없는지 주변을 둘러보다가 아키의 엉덩이 밑에서 무언가를 발견했다.

다리아가 종이를 보며 외쳤다.
"잠깐! 나 이거 뭔지 알 것 같아."
너덜너덜한 파피루스에는 이집트 상형 문자가 잔뜩 적혀 있었다.

아이들은 곧 채석장 근처에 있는 마을 입구에 도착했다. 다리아가 종이를 보며 찾아야 할 일꾼의 이름을 읊었다.
"라모스, 아심과 유니, 카무트 집에 순서대로 가 보면 돼."
아키는 씩씩하게 앞장서는 현준과 다리아를 마지못해 따랐다.

첫 번째로 도착한 곳은 라모스의 집이었다.

라모스가 문을 열자, 다리아가 공손하게 인사했다.

"안녕하세요, 아저씨! 오늘은 채석장에 안 가시나요?"

양심에 찔렸는지 라모스가 얼른 팔꿈치를 뒤로 숨기며 말했다.

"그런데 이제 괜찮은 것 같구나! 곧 채석장으로 가마!"

그는 잽싸게 나갈 채비를 했다.

아이들이 다음으로 향한 곳은 아심과 유니의 집이었다.

거짓말을 해서 미안하다는 듯 카무트가 변명을 했다.

"용서해라, 애들아. 오늘따라 어찌나 일이 하기 싫던지……."

아이들은 하기 싫은 일 때문에 거짓말을 했던 기억을 각자 떠올리며, 카무트의 거짓말을 이해해 주기로 했다.

카무트는 함께 채석장으로 가는 길에 일꾼들의 생활에 대해 이것저것 설명해 주었다.

"우리는 빵과 맥주를 임금으로 받기도 해. 하루에 여덟 시간씩 일하고, 열흘을 일하면 하루는 쉴 수 있지."

탕탕탕!

채석장에 도착하니, 돌을 깨는 소리가 여기저기서 요란하게 들렸다. 탐험 카드에 적힌 대로 일꾼들이 돌을 깨우는 소리였다.

쿠구구 쿵!

다시 발밑에 게임판이 나타났다. 아까 서 있었던 칸에 두 번째 설계도가 떨어져 있었다.

'냥냥 박스' 칸에는 고양이 모양의 상자가 놓여 있었다. 아키는 연어나 참치 같은 생선을 기대하며 상자를 열었다. 아키에게 생선은 눈이 번쩍 뜨이는 보물 같았으니까. 하지만 아키에게서 실망한 목소리가 터져 나왔다.

"에잇, 이게 뭐야! 꽝이네!"

"무슨 도구 같은데?"

다리아가 박스에서 구리로 된 끌과 나무 쐐기를 꺼냈다. 아키는 다른 선물은 없냐며 텅 빈 상자 안을 계속 뒤지더니, 급기야 울음을 터뜨렸다.

카무트를 따라 들어간 곳에는 음식이 가득 차려져 있었다. 아이들은 허겁지겁 음식을 먹기 시작했다.

제일 먼저 음식을 해치운 다리아가 씩씩하게 나섰다.
"고맙습니다, 아저씨! 저희가 뭐라도 도울게요!"
"흐잉, 나는 배불러서 일하기 싫단 말이야."
아키가 투덜대자 카무트가 거들었다.
"도와주겠니? 오늘 일한 값은 톡톡히 쳐 주마."

"진짜요? 그러면 방금 먹은 생선을 또 먹을 수 있는 거죠?"

아키가 눈을 반짝이며 채석장으로 달려나갔다. 현준과 다리아도 아키를 따라 나섰다.

5분 뒤

아무리 힘을 줘도 쪼개지지 않는 바위에 아이들은 지쳐 버렸다.
"하하, 얘들아, 여기 제대로 된 도구를 두고서 뭐 하니?"

카무트가 냥냥 박스에서 나온 끌과 쐐기를 가리키며 웃었다. 꽝이 나왔다고 생각했는데, 이게 돌을 깨는 도구였던 것이다.

카무트는 먼저 구리 끌을 이용해서 돌을 쪼개 낼 위치에 구멍을 파냈다. 그러고는 구멍마다 나무쐐기를 박아 넣고 손을 탁탁 털었다.

노련한 일꾼들은 꿈쩍도 하지 않을 것 같던 돌덩어리를 쪼개 들어올렸다. 눈이 번쩍 뜨일 정도로 놀라운 광경이었다.

그로부터 시간이 얼마나 지났을까. 한참 만에 허리를 편 카무트가 하늘을 보았다.

"슬슬 해가 지겠어. 이제 자른 돌들을 옮겨 볼까?"

"이 무거운 돌을 어떻게 옮겨요?"

카무트는 대답 대신 기찻길처럼 놓여 있는 통나무들을 가리켰다. 일꾼들이 그 위로 돌을 밀며 옮기고 있었다.

카무트가 넋을 놓고 있는 아이들을 불렀다.

"얘들아, 여기 와서 이것 좀 도와줄래?"

카무트의 부름에 정신을 차린 아이들이 얼른 달려갔다.

"장난치지 말고 잘 좀 밀어 봐!"

"비실비실한 집사 주제에! 너보다 내가 낫거든?"

아키와 현준이 티격태격하면서 돌을 밀었다. 엄청나게 무거웠지만, 바닥에 깔린 통나무 덕분에 서서히 움직이기 시작했다.

현준이 알기로 이 돌 하나의 무게는 무려 2.5톤. 이렇게 거대한 돌로 만든 피라미드를 실제로 볼 생각에 현준의 가슴이 뛰었다.

돌을 어느 정도 옮기자 다리아가 깜짝 놀라 외쳤다.

"냥냥 박스에서 나온 끌과 쐐기가 다 사라졌어!"

그 순간, 바닥이 흔들리며 게 임판이 나타났다.

다리아가 주사위를 높이 던져 올렸다.

주사위는 데굴데굴 굴러 '3'이 그려진 면을 위로 한 채 멈췄다.

아키가 재빨리 세 칸을 움직였다.

"여기 봐! '피라미드로 가는 배'라고 적혀 있어."

현준과 다리아가 아키를 따라가며 반가워했다.

"드디어 피라미드로 갈 수 있겠어!"

채석장 바로 옆 나일강변에는 커다란 나무배가 정박해 있었다. 일꾼들은 구슬땀을 흘리며 돌을 하나하나 옮기고 있었다.

현준은 배 위로 실리는 돌들을 지켜보았다.

그런데 갑자기 옆에서 다리아가 안절부절 어쩔 줄 몰라 했다.

"아키가 사라졌어!"

조금 전까지 징징대던 아키가 갑자기 사라진 것이다.

현준이 혀를 차며 말했다.

"또 어디 숨어서 낮잠 자고 있는 거 아니야?"

하지만 아무리 주위를 둘러봐도 아키는 보이지 않았다.

아키를 아무리 불러도 사방이 조용했다. 뭔가 불길했다.

그사이 배 위에서 떠날 준비를 마친 카무트가 외쳤다.

"너희도 어서 타렴! 우리는 바로 피라미드 공사장으로 간단다. 그곳도 채석장처럼 강가에 있어서 돌을 옮기기 좋지."

다리아와 현준이 안절부절못하며 카무트에게 말했다.

"아키가 사라졌어요. 혹시 못 보셨어요?"

그때였다. 어디선가 낑낑대는 고양이 소리가 들렸다. 소리를 듣고 두리번대던 일꾼들의 얼굴이 새파랗게 질렸다. 아키가 돌 틈에 끼어 있던 것이다.

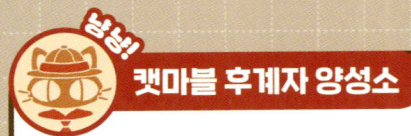

피라미드 건축의 핵심, 돌

오늘의 비밀 수업

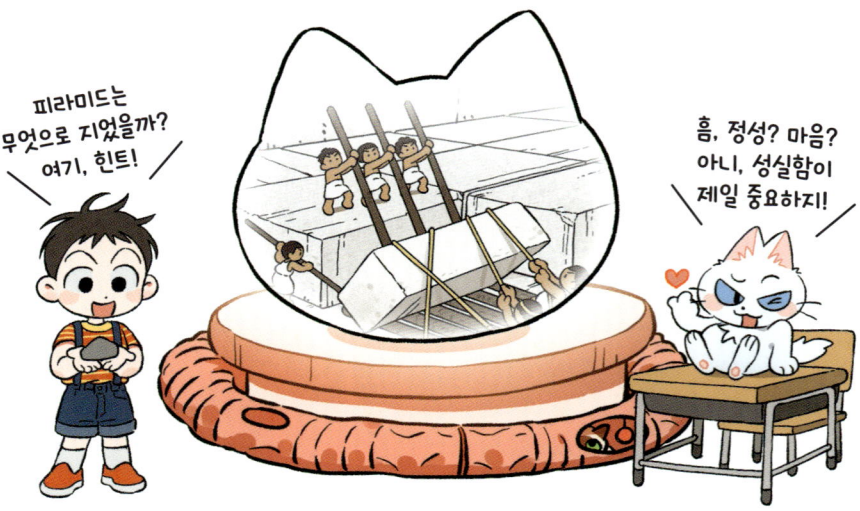

피라미드는 무엇으로 지었을까? 여기, 힌트!

흠, 정성? 마음? 아니, 성실함이 제일 중요하지!

캣마블 비밀 꿀팁

건축 재료로 돌을 쓰는 이유

옛날에는 풀이나 나무 같은 재료로 집을 지었어. 하지만 시간이 지나면 쉽게 무너지거나 불에 타기 쉬웠어. 폭우나 폭풍 같은 자연재해를 이겨 내기도 힘들었지. 반면, 돌은 무겁고 단단해서 안정적인 건축 재료지만, 원하는 모양으로 다듬고 옮기기가 어려워서 잘 사용하지 않았어. 하지만 피라미드는 수많은 인력과 놀라운 기술력으로 이 문제를 극복해 냈어. 그 덕분에 피라미드는 오천 년이 지난 지금까지도 건재하지.

▲ 풀

▲ 나무

▲ 돌

피라미드의 돌, 석회암

피라미드 건축에는 석회암, 화강암, *사암 같은 돌이 사용됐어. 나일강 근처에서 쉽게 구할 수 있었기 때문이지. 그중에서도 석회암이 가장 많이 쓰였는데, 비교적 부드러워서 일정한 크기로 다듬기에 좋았거든. 그리고 원래는 피라미드 겉면을 밝은 석회암으로 마감해서, 햇빛을 받으면 하얗게 빛났다고 해.

그래서 이렇게 구멍을 내기가 쉬웠구나?

*사암: 모래가 뭉쳐서 단단히 굳어진 암석. 흔히 모래에 점토가 섞여 이루어지는데, 건축 재료나 숫돌로 쓴다.

돌을 사용한 건축물 비교! 피라미드와 콜로세움

구분	피라미드	콜로세움
재료	석회암, 화강암 등	석회암, 응회암, 콘크리트 등
건설 기간	약 20년	약 6년
건설 난이도	★★★★★ 커다란 돌을 캐서 깎고 옮기고, 쌓는 데 어려움.	★★★ 벽돌을 만들어서 지어 피라미드에 비해 쉬움.
보존 상태	★★★★ 표면에 있던 돌만 사라지거나 깎이고, 대부분 건재함.	★★ 벽이 무너지고 내외부 석재가 벗겨졌으며, 청동 골재가 뜯겨 나감.

 **아키의 노트 필기**

돌은 나무나 풀에 비해 단단하지만 다듬고 옮기기 어려운 건축 재료다.
그만큼 피라미드에는 수많은 인력과 기술이 동원되었다.
피라미드에는 주로 석회암이 쓰였고, 원래는 겉이 하얗게 빛나는 모습이었다.

4
피라미드 장인 마을에 도착하다

아이들은 배가 움직이는 내내 깊은 잠이 들었다. 뜨거운 한낮에 돌을 쪼개고 옮기느라 힘을 다 쓴 탓이었다. 현준은 처음 느껴 본 낯선 감촉에 잠에서 깨 슬며시 눈을 떴다.

아키가 옆에 찰싹 붙어서 입을 쩝쩝대며 현준의 배에 꾹꾹이를 하고 있었다.

여전히 뭐가 뭔지 모르겠지만, 그래도 아키랑 정이 든 것 같네. 내가 집사라니…….

현준은 아키의 눈곱을 떼 주면서 피식 웃었다. 그러자 잠결에도 현준의 손길을 느꼈는지 아키가 현준 쪽으로 더 바짝 붙었다.

아침 해가 떠오를 무렵이 되자 배가 천천히 속력을 늦추었다. 곧 피라미드 근처 마을에 도착할 예정이었다.

따뜻한 햇살이 비추기 시작하자 아키와 다리아도 눈을 떴다. 현준은 보상으로 받은 설계도 두 장을 바닥에 펼쳐 놓고 중얼거리고 있었다.

"네 개로 갈라진 피라미드가 하나가 될 때, 모든 것이 제자리로 돌아온다……."

드디어 피라미드가 그 웅장한 모습을 드러냈다.

쿠푸가 파라오가 된 지 20년이 흘렀고, 그가 죽은 뒤 안치될 피라미드가 한창 지어지고 있었다. 지금까지 지어진 피라미드 중 가장 크고 높게 지어질 예정이었다. 그래서인지 아직 완성되기 전인데도 그 웅장함은 말로 다 표현할 수 없을 정도였다.

아이들은 카무트에게 감사 인사를 전한 뒤 마을로 향했다.

 피라미드가 지어지는 모습을 직접 보게 된 현준은 잔뜩 흥분해서 열심히 주변을 둘러보았다.
 "피라미드 앞에 이렇게 큰 마을이 있다니! 사람들도 엄청 많아!"
 그곳은 피라미드를 건설하기 위해 모인 장인들과 그들의 가족을 위해 만들어진 마을이었다. 피라미드를 짓는 동안 가족과 멀리 떨어져 있기에는 이십여 년의 긴 시간이 걸리기 때문이었다.

 장인들은 이 마을에 머물며 피라미드를 짓는 데 각자의 능력을 발휘하고 있었다.

 그때, 어디선가 갓 구운 빵 냄새가 솔솔 풍겨 왔다. 냄새를 따라가 보니 마을 사람들이 빵, 무화과, 구운 콩과 고기를 먹으면서 아침을 시작하고 있었다. 꼬마 아이들은 신나게 골목을 뛰어다녔다. 활기가 넘치는 마을이었다.

 다리아도 현준만큼 들뜬 얼굴로 마을 이곳저곳을 살폈다.

 "나도 장인 마을은 처음 와 봐. 소문으로만 들었거든."

그동안 피라미드가 어떻게 만들어지는지 궁금했던 다리아는 이제 그 모습을 볼 수 있다는 생각에 마음이 들떴다. 아키는 생선구이 냄새를 맡기라도 한 듯 기분이 좋아져서 코를 한껏 내밀고 꼬리를 살랑살랑 흔들었다.

얼마나 시간이 흘렀을까? 한창 마을 구경에 빠져 있을 때쯤, 다시 땅이 울리고 발밑에 게임판이 등장했다.

아키가 주사위를 집어 들자, 다리아가 아키를 살살 달랬다.

"아키, 너는 아무래도 좀 '똥손' 같으니까……."

하지만 다리아의 말이 끝나기도 전에 아키는 씨익 웃으며 주사위를 하늘 높이 던져 버렸다.

"이번에는 나만 믿어!"

또다시 몬스터 칸에 가게 되자 아이들이 긴장한 얼굴로 주변을 살폈다.

이번 몬스터 칸은 심상치 않았다. 먹구름이 몰려오며 주변이 어두컴컴해졌다.

이어서 천둥소리와 함께 소름 끼치는 목소리가 들렸다.

사람 얼굴에 사자의 몸을 한 스핑크스가 음흉하게 웃었다. 산 채로 잡아먹는다는 소리에, 아키는 하마터면 오줌을 찔끔 흘릴 뻔했다. 다리아도 겁에 질린 채 입술을 바짝 깨물었다.

아키의 엉뚱한 대답에 순간 정적이 흘렀고, 현준이 경악했다.

"으아악! 아키! 정답은 파라오잖아!"

아키가 머리를 긁적였다.

"파라오가 뭔데? 나일강에 사는 맛있는 생선인가?"

그 순간! 스핑크스가 입을 쩍 벌리고 현준을 한입에 삼켰다. 현준은 눈 깜짝할 사이에 스핑크스의 입속으로 사라졌다.

"집사! 현준~!"

아키가 깜짝 놀라서 현준의 이름을 부르며 손을 뻗었다. 하지만 이미 늦었다. 현준의 모습은 감쪽같이 사라졌다.

놀란 다리아가 스핑크스를 향해 소리쳤다.

"현준을 내놔!"

스핑크스가 사라지자 하늘이 다시 맑아졌다.

현준이 사라지는 모습에 충격을 받은 아키는 그 자리에 주저앉아 소리를 내며 엉엉 울었다. 현준과 머리채를 잡고 싸우던 순간마저 그리워서 눈물이 멈추지 않았다.

"현준이…… 잡혀갔어. 내 탓이야, 엉엉!"

다리아도 눈시울이 붉어졌다. 자신이 조금만 더 빨리 정답을 외쳤더라면 어땠을까 하는 후회가 마음을 짓눌렀다.

아키는 자신의 과거를 반성했다.

이럴 줄 알았으면 랜드마크 공부를 더 열심히 할걸. 그랬다면 스핑크스가 낸 수수께끼 정도는 쉽게 풀었을 텐데.

하지만 지금에 와서 후회해 봤자 아무 소용 없었다.

아키는 땅바닥에 피라미드를 그리며 고민에 빠졌다.

"피라미드의 시작점이 '무엇'이냐고? 시작점이 어디냐고 묻는 것도 아니고, 무엇이냐니. 피라미드를 지을 때 제일 처음 놓는 돌을 말하는 걸까? 아니면 현준이 모아야 한다고 했던 설계도와 관련이 있는 걸까? 그동안 집사 말을 좀 잘 들을걸……."

그러자 다리아가 벌떡 일어났다.

"이러고 있을 때가 아니야! 장인들한테 가서 물어보자!"

그렇게 둘은 마을의 장인들에게 다가갔다.

하지만 활기찼던 아침과는 달리, 마을의 분위기가 어두웠다. 장인들은 아키와 다리아의 질문에 대답할 정신이 없어 보였다. 그저 한숨을 푹 내쉬면서 멀리 피라미드를 바라볼 뿐이었다.

"피라미드의 설계도를 감히 누가 훔쳤다는 거야?"

"그건 나도 모르지. 어찌 되었든 큰일이야."

모여서 웅성거리던 장인들이 각자의 자리로 흩어지자 아키와 다리아는 망연자실했다.

그때, 발밑이 흔들리며 게임판이 나타났다.

아키와 다리아는 두 손을 꼭 잡고서 뒤로 한 칸 이동했다. 바닥에는 뱀이 막대기를 돌돌 감고 있는 그림이 그려져 있었다.

다리아는 그것의 정체를 알고 있는 눈치였다.

"이건 파라오의 갈고리……?"

그 순간, 파라오의 갈고리가 눈앞에 나타났다. 다리아는 파라오의 권력을 상징하는 갈고리의 모습에 움찔했다.

이내 다리아는 갈고리의 소개를 듣고 기뻐했다. 현준을 찾는 데 도움을 줄 존재가 나타난 것이다.

아키가 기대를 안고 물었다.

"쿠푸의 피라미드 시작점이 뭔지 알고 싶어!"

그러자 파라오의 갈고리는 공중에서 빙글빙글 돌면서 한동안 고민하다가 말했다.

아키와 다리아는 어리둥절했다. 파라오의 갈고리가 자신들을 어디로 데려온 건지 알 수 없었다. 저 멀리 반쯤 무너진 건축물이 보였다. 익숙한 피라미드의 모양과 비슷하면서도 달랐다.

아이들을 지켜보던 갈고리가 설명했다.

"이건 스네프루의 메이둠 피라미드야."

"이게 스네프루 왕의 피라미드구나? 스네프루 왕은 쿠푸 왕의 아버지잖아!"

다리아는 엄마에게 스네프루 왕에 대해 들은 적이 있었다.

스네프루는 자신이 묻힐 피라미드 건설에 열성적이어서, 피라미드가 마음에 들 때까지 고치고 또 고쳤다. 그만큼 스네프루는 돈도 많고 권력도 강력했지만, 피라미드 건설 과정은 순탄치 않았다.

다리아가 무너진 피라미드 주변을 살피며 설명했다.

"과거부터 만들어 온 계단식 피라미드는 구조가 안정적이었지만, 그걸 지금의 매끄러운 피라미드로 만들기는 생각보다 까다로웠다고 해. 결국 이렇게 무너지고 말았지."

건축물을 만드는 데는 완벽한 계산이 필수였다. 하지만 이 피라미드는 경사가 너무 급했고, 외벽에는 금이 갔다.

다리아 옆에 둥둥 떠 있던 갈고리가 말했다.

"그래도 그는 포기하지 않았어."

갈고리는 의미를 알 수 없는 웃음을 지으며 또 다시 회오리를 만들었다.

회오리에 휩쓸리며 아키와 다리아가 외쳤다.

"또 어디로 가는 거야?!"

두 번째로 도착한 곳에도 피라미드 같은 건축물이 있었다.

"갈고리야, 이번 피라미드는 왜 저런 모양으로 지어진 거야?"

"무너지지 않도록 공사 도중에 경사각을 수정했기 때문이야. 그래서 중간부터는 경사가 훨씬 완만해졌지."

현대에는 철재로 뼈대를 만들고 시멘트를 부어서 튼튼한 건물을 짓는다. 하지만 고대 이집트에는 그런 재료들이 없었다. 당시의 가장 단단한 재료는 돌이었다. 하지만 돌만으로 높은 건물을 짓기란 쉽지 않았다. 그만큼 피라미드는 수많은 시행착오를 통해 만들어진 결과물이었다.

아키와 다리아는 다시 갈고리의 회오리를 타고 세 번째 피라미드 앞에 도착했다.

갈고리는 천천히 설명을 이어 나갔다.

"결국 스네프루는 매끈한 피라미드를 만드는 데 성공했어. 지금 쿠푸가 짓고 있는 것보다는 한참 작은 크기지만."

　아키와 다리아는 갈고리의 회오리를 타고 처음 그 자리로 돌아왔다.

　갈고리가 혀를 날름댔다.

　"붉은 피라미드는 피라미드 건축의 기준이 되었어. 어때, 이만하면 충분히 도움이 됐지?"

　갈고리는 말을 마치기 무섭게 모습을 감췄다.

　그런데 어쩌면 좋을까? 아직 수수께끼의 답을 알아내지 못했는데, 해 질 녘이 다가오고 있었다.

　아키는 좌절했다.

그때, 번개와 함께 스핑크스가 다시 나타났다.

"일부러 똑똑해 보이는 녀석을 잡아갔는데도 답을 찾아내다니."

약속은 약속이었다. 정답을 맞혔으니, 스핑크스가 약속을 지킬 차례였다.

아키와 다리아가 스핑크스를 향해 한목소리로 소리쳤다.

"어서 현준을 돌려줘!"

피라미드의 변천사

오늘의 비밀 수업

피라미드는 처음부터 사각뿔 모양이 아니었어.

그럼 또 다른 모양의 피라미드가 더 있어?

캣마블 비밀 꿀팁

원래는 계단 모양이었다!

이집트 최초의 피라미드식 석조 건축물은 조세르 왕의 무덤이야. '마스타바'라고 불리는 네모난 무덤을 층층이 쌓아 올린 계단식 피라미드지. 멀리서 보면 계단이 하늘로 이어지는 것처럼 보여.

믿거나 말거나 전해지는 이야기로는, 조세르가 50살 무렵 하늘로 향하는 눈부신 계단이 나오는 꿈을 꾼 뒤, 이 꿈을 신비롭게 여겨 계단 모양의 무덤을 짓게 했다고 해.

▲ 조세르 왕의 계단식 피라미드

스네프루 왕의 피라미드

스네프루는 이집트 제4왕조의 첫 번째 파라오로, 피라미드 건축에 큰 열정을 가진 왕이었어. 그는 무려 세 개의 피라미드를 지었고, 계단식 구조의 피라미드를 우리가 알고 있는 매끈한 경사면의 피라미드로 발전시키는 데 중요한 역할을 했지. 피라미드를 짓는 데 다양한 시도를 할 수 있었던 건, 그가 강력한 왕권과 자원을 가진 통치자였기 때문이야. 덕분에 그의 아들 쿠푸는 훨씬 더 거대한 피라미드를 지을 수 있었지.

기자의 3대 피라미드와 스핑크스

이집트 전역에서 70개가 넘는 피라미드가 발견됐지만, 가장 유명한 건 기자 지구에 있는 쿠푸, 카프라, 멘카우레, 세 왕의 피라미드야. 기원전 2590~2565년경 세워진 쿠푸의 피라미드는 현존하는 가장 크고 웅장한 피라미드로, '대 피라미드'라고도 불려. 그 옆에는 쿠푸의 아들 카프라의 피라미드가 있는데, 보존 상태가 가장 좋아. 입구 앞에는 사자의 몸과 사람 얼굴을 한 스핑크스가 피라미드를 지키고 있지. 기자 지구 가장 안쪽에는 쿠푸의 손자인 멘카우레의 피라미드가 있어. 규모는 작지만, 아랫부분을 화강암으로 마감한 방식은 당시 건축 기술의 변화를 보여 주는 중요한 유산이야.

▲ 카프라 왕의 피라미드와 스핑크스

아키의 노트 필기

계단식 구조였던 이집트의 피라미드는 스네프루 왕 때 우리가 알고 있는 피라미드의 형태로 발전했다. 기자 지구의 쿠푸, 카프라, 멘카우레 왕의 세 피라미드는 지금도 대표적인 고대 건축물로 남아 있다.

한편, 현준은 어둠 속에서 정신을 차렸다.

"스핑크스가 날 삼킨 것까지는 기억이 나는데……."

현준은 이리저리 손을 뻗어 벽을 더듬어 보았다.

스핑크스의 뱃속인가? 아니면 감옥?

이윽고 현준은 이곳이 어디인지 알아차렸다. 채석장에서 깎았던 돌과 비슷한 촉감이 벽에서 느껴졌기 때문이다.

아키와 다리아는 햇불에 의지해 피라미드 안으로 들어갔다. 안쪽으로 들어갈수록 두려움에 옆구리가 으슬으슬해졌다. 그럴수록 아키와 다리아는 꼭 붙어서 햇불을 높이 들었다. 냥냥 박스가 이렇게 쓸모가 있을 줄이야. 만약 햇불이 없었다면 무서워서 한 발짝도 나아가지 못했을 것이다.

아키와 다리아의 목소리가 통로를 따라 울려 퍼졌다.

"우리가 왔어!"

둘은 현준의 대답을 간절히 바라면서, 목이 터져라 외쳤다.

저 멀리서 아키와 다리아의 반가운 목소리가 들려오자, 현준은 왈칵 눈물을 쏟을 뻔했다.

"얘들아, 나 여기에 있어!"

현준의 대답을 들은 아키와 다리아도 울컥하기는 마찬가지였다.

아키가 현준의 목소리가 들린 쪽을 향해 소리쳤다.

"집사! 내 목소리 들려?"

"잘 들려! 잠깐만 기다려 봐!"

현준이 바닥에 납작 엎드렸다.

"아키, 다리아! 거기에 가만히 있어. 내가 갈게!"

아키와 다리아는 현준의 말대로 횃불을 들고 그 자리에 가만히 서 있었다. 그러자 어둠 속에서 현준의 목소리가 점점 가까워져 왔다.

"얘들아! 거기 불빛, 너희 맞지?"

하지만 다시 만난 반가움도 잠시, 아이들은 자신들이 피라미드 안에서 길을 잃었다는 사실을 깨달았다.

다리아가 겁에 질린 목소리로 말했다.

"이러다 영영 피라미드 안에 갇히는 거 아니야?"

다리아의 말에 아키도 털을 곤두세우며 안절부절못했다.

불안해하는 둘의 모습을 본 현준이 마음을 다잡고 말했다.

"괜찮아. 이번에도 잘 헤쳐 나갈 수 있을 거야."

현준의 어른스러운 응원은 모두의 마음을 하나로 모았다. 곧이어 아이들은 지금까지 모은 설계도를 바닥에 펼쳤다.

어디선가 불어온 바람에 횃불이 훅 꺼지면서 순식간에 눈앞이 캄캄해졌다.

그 순간, 바닥이 흔들리더니 게임판이 나타났다.

현준이 기뻐하며 소리쳤다.

"1이다! 탐험 카드 칸이야!"

아이들은 얼른 탐험 카드 칸으로 향했다.

현준은 탐험 카드의 내용을 단번에 이해하고 고개를 끄덕였다. 세 번째 설계도를 얻을 수 있는 기회가 찾아왔다.

현준은 씩씩하게 앞장섰다. 건축가로서 피라미드의 구조는 대략 파악하고 있었기에, 정확한 길은 모르더라도 통로 끝 어딘가에 이 무덤 주인의 방이 나올 것만 같은 예감이 들었다.

아이들은 정신을 바짝 차리고 주변을 손으로 더듬으며 대회랑을 통과했다. 하지만 길은 가면 갈수록 가파르고 좁아졌고, 급기야 엉금엉금 기어야 할 정도가 되었다.

드디어 도착한 파라오의 방에는 어른 허리 높이쯤 되는 석관 하나가 덩그러니 놓여 있었다.

석관을 보고 아키가 물었다.

"이건 뭐야?"

다리아가 고개를 끄덕였다.

"맞아. 피라미드 묘역에 묻히는 건 큰 영광이니까."

하지만 무덤이라는 말에 아키가 부르르 몸을 떨었다.

"으으, 무서워!"

털을 곤두세우던 아키가 무언가 생각났다는 듯 물었다.

"참, 이집트 사람들은 미라를 만들지 않아? 미라는 그냥 붕대로 칭칭 감아서 만드는 거야?"

그러자 현준이 미라를 만드는 방법을 설명하기 시작했다.

자칼의 머리를 가진 미라의 신, 이누비스를 모시는 사제가 미라 만드는 과정을 감독해.

먼저, 죽은 사람의 몸에서 뇌와 내장을 꺼내라!

꺼낸 장기들은 신의 모습을 한 카노푸스 단지에 담기지.

시신은 소금으로 덮어서 물기를 모두 말려.

그렇게 마른 시신을 붕대로 잘 감아서 카노푸스 단지와 함께 묻으면 끝이야.

현준의 설명을 듣던 다리아는 문득 세상을 떠난 반려동물 마우를 떠올렸다.

"미라는 사후 세계에서의 삶을 준비하기 위한 거야. 죽은 반려동물도 미라로 만들곤 하지."

아키와 다리아는 이 상황이 몹시 반가웠다. 갈고리 덕분에 수수께끼를 풀고, 무사히 현준을 구해 낼 수 있었기 때문이다.

현준은 잠시 생각에 잠겼다.

게임을 돕는다고? 그럼 오래 고민할 필요가 없지!

이제 남은 건 단 하나! 마지막 설계도 조각만 찾으면 이 게임을 끝낼 수 있다. 그러니 물어볼 것도 간단했다.

파라오의 갈고리는 빙글빙글 돌며 생각에 잠겼다가 대답했다.

"나를 따라오라, 어서."

아이들이 파라오의 갈고리를 따라 넓은 통로를 걷기 시작했다. 그런데 왠지 모르게 현준의 머릿속에서 갈고리가 했던 마지막 말이 떠나지 않았다.

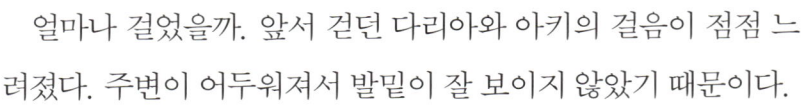

하지만 무조건 믿지는 말 것.

얼마나 걸었을까. 앞서 걷던 다리아와 아키의 걸음이 점점 느려졌다. 주변이 어두워져서 발밑이 잘 보이지 않았기 때문이다.

걱정스런 마음에 현준이 입을 뗐다.

"얘들아, 넘어지지 않게 조심해."

하지만 그 말이 끝나기도 전에 다리아가 발을 헛디뎠다.

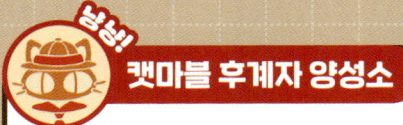

피라미드 모양의 비밀

오늘의 비밀 수업

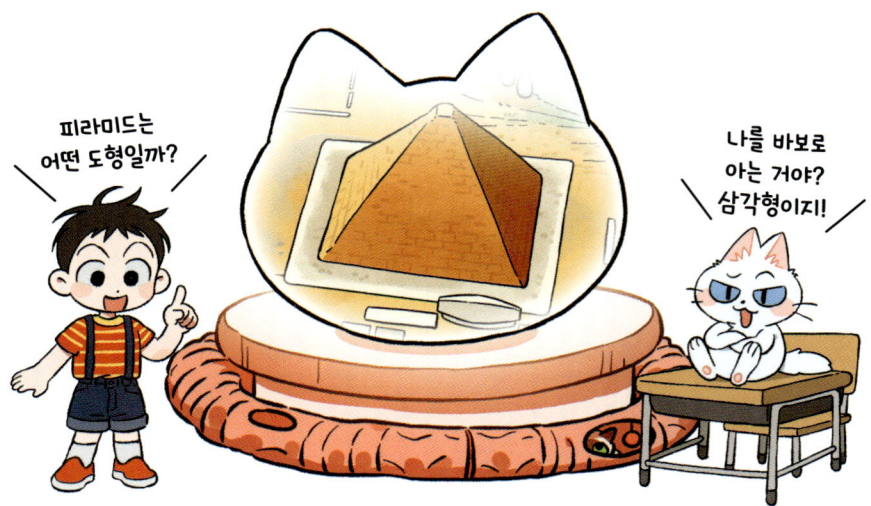

캣마블 비밀 꿀팁

피라미드는 입체적이다!

모든 건축물은 입체 구조야. 피라미드를 앞에서 보면 단순한 삼각형처럼 보이지만, 피라미드도 높이와 깊이를 가진 입체적인 건축물이지. 피라미드를 위에서 내려다보면 꼭대기가 뿔 모양이라는 걸 알 수 있는데, 그중에서도 밑면이 네모난 '사각뿔'이야.

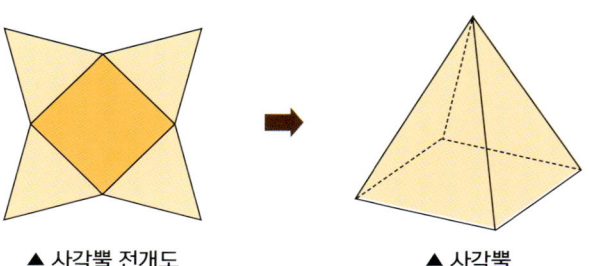

▲ 사각뿔 전개도   ▲ 사각뿔

사각뿔 중에서도 정사각뿔

고대 이집트의 피라미드는 대부분 밑면은 정사각형, 옆면은 이등변 삼각형으로 이루어진 '정사각뿔' 형태로 설계되었어. 이 구조는 단순히 보기 좋을 뿐 아니라, 무게 중심이 안정적이고 건축적으로도 튼튼해. 기자 지구의 쿠푸, 카프라, 멘카우레 피라미드 모두 정사각뿔 형태로 지어졌지. 이처럼 거의 완벽한 대칭과 정확한 각도로 지어진 거대한 피라미드는 고대 이집트인의 뛰어난 건축 기술을 보여 줘.

안정적인 뿔 모양

뿔 모양은 넓은 밑면에서 출발한 옆면들이 하나의 꼭지점에서 모이는 구조야. 아래쪽에 무게 중심이 몰리기 때문에 매우 안정적인 형태지. 고대에는 지금처럼 철근이나 콘크리트 같은 재료가 없었기 때문에, 높고 튼튼한 건물을 지으려면 자연스럽게 윗부분의 무게를 줄이는 뿔 모양을 택할 수밖에 없었어. 그래서 많은 고대 대형 건축물이 피라미드 같은 뿔 모양을 하고 있는 거야.

지금도 뿔 모양 구조는 안전성 면에서 주목받고 있어. 내진 구조로도 뛰어나고, 이론적으로는 에베레스트산만큼 높은 건물도 지을 수 있는 튼튼한 형태라고 여겨져.

▲ 고대 마야 문명의 유적, 치첸 이트사

 아키의 노트 필기

아래가 넓고 위가 좁은 뿔 모양은 구조적으로 안정적이어서 고대 건축물에 자주 쓰였다. 특히 피라미드는 대체로 밑면이 정사각형인 정사각뿔 모양으로, 고대 이집트의 정교한 설계와 뛰어난 건축 기술을 보여 준다.

현준은 사라진 설계도를 찾아 바닥을 여기저기 더듬어 보았지만, 흙먼지만 잡힐 뿐이었다.

망연자실한 현준이 말했다.

"설계도를 전부 잃어버린 것 같아……."

"그럴 리가. 현준, 잘 찾아봐! 지금까지 힘들게 모은 건데."

다리아도 놀라서 주변을 살폈지만 설계도는 온데간데없었다.

아키는 그동안 악어에게 쫓기고, 스핑크스에게 당했던 일을 떠올렸다. 그걸 처음부터 다시 한다는 건 상상도 하기 싫었다.

탐험 카드를 보고도 아이들은 크게 기쁘지가 않았다. 설계도를 몽땅 잃어버리기 전이었다면 환호했겠지만, 지금은 그저 걱정만 앞설 뿐이었다.

그나저나 '멀리 떠난 이'는 누구를 말하는 걸까?

이번 탐험 카드는 현준에게도 너무 어려웠다.

"무슨 뜻인지 모르겠어."

그러자 아키가 허공을 향해 소리를 질렀다.

"그러게. 나야말로 이 게임에서 멀리 떠나고 싶다!"

옆에서 고민에 빠져 있던 다리아가 말했다.

"멀리 떠난 이라면, 혹시 우리 마우처럼 사후 세계로 떠난 존재를 말하는 것 아닐까?"

다리아의 추리에 아키가 박수를 쳤다.

"오! 그럴듯한 추리인걸?"

"그렇다면 지하로 떨어진 게 다행일지도 몰라."

뜬금없는 현준의 말에 다리아와 아키가 고개를 갸웃했다.

현준은 일단 기운을 차리고 탐험 카드가 낸 수수께끼를 풀기 위해 지하 통로 주변을 샅샅이 살펴보기로 했다.

잃어버린 설계도는 그 이후에 되찾아도 늦지 않을 테니까.

현준이 걸음을 옮기자, 다리아도 따라나섰다.

"현준, 어디 가? 나도 같이 가!"

그리고 얼마 지나지 않아 현준이 반갑게 소리쳤다.

현준이 저 멀리 통로 끝에서 새어 나오는 불빛을 가리켰다.

"다들 따라와 봐."

잘못 본 건 아닐까 싶어 걱정되기도 했지만, 다행히 발걸음을 옮길수록 불빛은 점점 더 선명해졌다.

아이들이 마침내 탁 트인 공간으로 들어섰다. 사후 세계로 떠난 이를 묻는 곳, 지하의 방이었다.

"여기야! 멀리 떠난 이를 추억할 만한 곳."

입구를 둘러보며 말하던 현준의 두 뺨에 소름이 돋았다.

"쿠푸 왕이 죽으면 이곳에 묻힐 거라 생각하니 어쩐지 오싹하네."

현준을 따라 들어온 다리아가 주변을 둘러보며 물었다.

"여기 묻힌다고? 그럼 아까 왕의 방에서 본 석관은 뭐지?"

"아까 그 석관은 제사용 아니었을까? 지금 짓는 쿠푸의 피라미드에는 예전 마스타바 형식이 남아 있거든."

113

지하의 방은 아직 완성되지 않은 모습이었다. 그나마 곳곳에 벽화가 조금씩 그려져 있었는데, 그중에 음식을 그려 넣은 벽화도 보였다.

이집트 사람들은 죽은 뒤에도 삶이 계속된다고 믿었다. 그래서 무덤을 사후 세계에서 고인이 살아갈 집처럼 꾸몄다. 벽화에 음식을 그려 넣은 것도, 고인이 저승에서 풍족하게 살 수 있도록 돕기 위해서였다.

현준이 바닥에서 붓과 물감을 발견했다.

그러고는 벽화를 다시 자세히 살피며 말했다.

"아직 화가가 그리는 중인 것 같아."

음식들 옆에는 위엄 있는 모습의 한 남자가 그려져 있었다. 현준은 이 무덤의 주인인 쿠푸 왕일 거라고 짐작했다.

어느샌가 졸고 있던 아키가 멀리서 들려오는 음식 이야기에 슬그머니 다가왔다.

하지만 그곳에는 음식은커녕, 벽화만 잔뜩 그려져 있었다.

아키가 괜히 심통이 나서 툴툴댔다.

"쳇, 감히 배고픈 고양이를 놀리는 건가?"

아키가 냉큼 바닥에 있는 붓을 집어 들고 낙서를 하기 시작했다. 금세 벽화 속 남자의 콧구멍이 두 배로 커졌다. 그 모습을 본 두 사람이 아키를 뜯어말렸다.

아키를 겨우 말린 다리아는 지하의 방을 빙 둘러보았다. 그러다 이내 슬퍼진 눈빛으로 중얼거렸다.

"사후 세계로 떠난 마우를 다시 만날 수는 없는 거겠지……."

다리아는 마우를 위한 무덤을 만들고 싶다는 마음으로 피라미드를 살펴보러 여기까지 왔다. 그리고 마침내 이곳에 오고 나니, 마우가 더욱 보고 싶었다.

다리아가 마우를 추억하며 새로운 목표를 세웠다. 아키와 현준은 자기들도 돕겠다며 다리아를 북돋아 주었다. 그리고 바로 그 순간, 발 아래 게임판이 등장했다.

"당장 저놈들을 잡아라! 어서!"

갑자기 지하의 방 입구에서 날카로운 외침이 울려 퍼졌다. 곧이어 창을 든 병사들이 우르르 몰려왔다. 아이들은 꼼짝 없이 구석으로 몰리고 말았다.

겁에 질린 아키가 물었다.

"대체 왜 우리한테 창을 겨누는 거지?"

이윽고 병사들 뒤에 서 있던 한 남자가 앞으로 나섰다.

남자를 발견한 다리아가 새하얗게 질린 얼굴로 외쳤다.

"다, 다들 예의를 갖춰. 얼른!"

나이가 조금 들어 보이는 남자는 화려한 머리 장식 네메스를 쓰고 손목에는 황금 팔찌를 차고 있었다. 마치 이집트의 신이 나타난 것만 같은 기품과 위엄이 느껴졌다.

"다리아! 저분…… 파라오 맞지?"

현준이 놀라서 중얼거리자 아키의 두 눈이 커졌다. 파라오라면 이 무덤의 주인? 스핑크스의 수수께끼에 나온 그 사람?

아키는 물감이 묻은 손을 슬쩍 등 뒤로 숨겼다. 하지만 이미 늦었다. 병사들이 다가와 아키를 붙잡았다.

이 모습에 놀란 다리아가 울먹이며 말했다.

"파라오 님, 잘못했습니다. 아키는 아무것도 몰랐어요."

아키도 손이 닳도록 싹싹 빌었다. 하지만 파라오와 병사들은 들은 척도 하지 않았다.

결국 현준과 아키, 다리아 모두 병사들에게 붙잡혔다. 그렇게 지하의 방에서 쫓겨나려는 그때!

파라오의 허리춤에서 잃어버린 설계도를 본 현준이 외쳤다.

"그건 우리가 모은 설계도예요! 우리 거라고요!"

현준은 혼란스러웠다. 설계도가 어떻게 파라오의 손에 들어간 건지 알 수 없었다. 하지만 파라오는 아까 통로에 떨어져 있던 설계도를 주웠을 뿐이었다.

현준의 주장에 파라오가 병사들을 멈춰 세웠다.

"너희가 이 설계도의 주인이라고?"

병사들의 손에서 벗어난 아이들은 다시 파라오의 앞에 섰다. 여전히 병사들의 창끝은 아이들을 향하고 있었다. 항상 냉정하고 차분하던 현준도 머리끝까지 화가 났다.

파라오가 눈을 매섭게 흘기며 아이들을 노려보았다. 하지만 갑자기 도둑으로 몰린 아이들은 억울할 뿐이었다. 뭐라고 설명을 해야 할지 몰라 서로의 눈만 바라볼 수밖에 없었다.

파라오가 기세를 몰아 아이들을 더 압박했다.

"이 설계도를 완성하려면 마지막 한 장이 더 필요하다. 그것도 너희가 갖고 있지? 어서 내놓아라!"

현준의 머리가 복잡해졌다.

이 설계도까지 빼앗기면, 게임은 어떻게 되는 거지?

현준은 네 장의 설계도 조각을 모으면 하나의 피라미드 설계도가 완성되고, 게임도 끝낼 수 있을 거라 믿고 여기까지 왔다. 하지만 지금은 무슨 말을 해도 도둑으로 몰리는 상황이었다.

"당장 그 설계도를 내놓지 않으면, 목숨이 위험할 것이다!"

파라오가 새파란 칼을 아키에게 들이대자, 아키가 놀라서 기겁했다. 그러고는 현준에게 도움을 요청하는 눈빛을 보냈다.

현준이 이를 악물었다.

마지막 설계도까지 빼앗기고 나자, 아키가 훌쩍였다.

"우리 어떡해. 설계도를 완성해야 하는데……."

현준은 애써 아키를 다독였다.

"우선 살고 봐야지. 다른 방법을 찾을 수 있을 거야."

"그러면 게임은 어떻게 되는 거야?"

아키의 질문에 현준의 머릿속이 복잡해졌다. 평범한 보드게임처럼 주사위를 계속 굴려서 처음부터 다시 시작할 수 있는 것인지 궁금했지만, 지금은 아무것도 확실한 게 없었다.

그때, 현준이 감히 아무도 생각하지 못한 제안을 했다. 오직 건축가인 현준이기에 가능한 말이었다.

"이미 피라미드 설계도는 제 머릿속에 있습니다. 완벽하게 다시 그려 낼 수 있습니다."

이에 파라오가 흥미롭다는 듯 관심을 가졌다.

"1도라도 틀리면, 너는 평생 나의 노예로 살아야 할 것이다. 그래도 하겠느냐?"

설계도를 그대로 베껴 낸다는 것은 이집트의 가장 위대한 건축가에게도 어려울 일이었다. 그런데 열 살짜리 아이가 그걸 하겠다니, 파라오가 코웃음을 쳤다.

현준이 고개를 끄덕이자, 파라오가 병사들에게 명령했다.

"당장 이 아이에게 파피루스와 붓을 가져다 주어라!"

종이와 붓을 받아 든 현준은 비장한 표정으로 바닥에 무릎을 꿇고 앉았다. 덩달아 긴장한 아키와 다리아는 침을 꼴깍 삼켰다. 지금은 그저 현준을 믿어 보는 수밖에 없었다. 이것이 그동안 모은 설계도를 되찾을 수 있는 유일한 방법이었다.

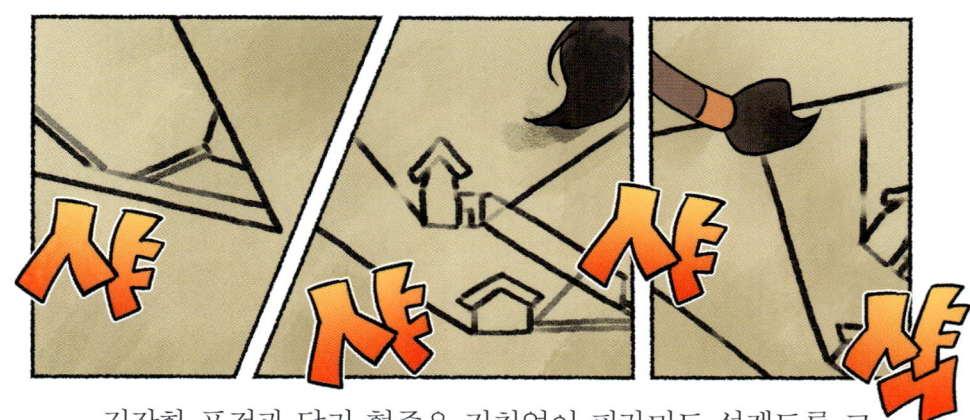

긴장한 표정과 달리 현준은 거침없이 피라미드 설계도를 그려 나가기 시작했다. 그 무서웠던 파라오가 놀랄 정도였다.

어린아이의 솜씨가 저 정도라니…….

지켜보던 아키와 다리아의 눈에도 완벽해 보일 정도였다. 현준은 마지막으로 지하의 방까지 완벽하게 표현했다.

완성된 설계도를 받아 든 파라오의 입이 딱 벌어졌다. 도둑맞은 설계도를 다시 찾을 필요가 없을 만큼 훌륭한 설계도였다. 이 설계도라면 피라미드 공사를 무사히 마무리할 수 있을 것 같았다. 파라오는 자신의 눈을 믿을 수가 없었다.

파라오가 엎드려 있던 현준을 일으켜 세웠다.

"대단하구나. 정말 대단해. 훌륭한 실력을 갖췄어."

파라오는 어린아이라고 무시했던 자신의 행동을 후회했다.

　병사들의 호위를 받으며 피라미드를 빠져 나오자, 따스한 햇살이 환하게 내리쬐고 있었다. 어두운 곳에 오래 있다가 나와서일까, 눈을 뜨기 어려울 정도로 세상이 환했다.
　파라오의 명령을 전해 들은 장인들은 서둘러 피라미드로 달려왔다. 한동안 멈춰 있던 돌들은 다시 번쩍 들려 피라미드 위로 옮겨지기 시작했다.

피라미디온을 본 현준은 금세 흥분하며 설명했다.

"피라미디온은 피라미드의 가장 꼭대기에 올리는 머릿돌이야. 태양 빛을 처음 맞는 부분이라서 아주 신성하게 여겨지지."

이제 피라미디온이 올라가면 이십 년 넘게 이어지던 피라미드 공사도 드디어 끝나게 된다.

공사 현장을 바라보던 현준이 좋은 생각이 났다는 듯 모래 언덕 위를 가리켰다.

"저기 모래 언덕에 올라가서 피라미드의 완성을 지켜보자!"

공사는 멈추지 않고 늦은 밤까지 계속되었다. 아이들은 피라미드 전체가 한눈에 보이는 언덕에 앉아, 그 장엄한 광경을 내려다보았다. 달빛이 일꾼들을 위해 환하게 빛나고 있었다.

다음 날

두둥

"완성이야!"

어느덧 밤이 지나고 해가 떠오르기 시작했다. 서서히 햇빛을 받는 피라미드의 모습을 보며 현준이 감탄했다.

"이 순간을 내 눈으로 직접 보게 되다니, 정말 영광이다."

이 순간만큼은 꾸벅꾸벅 졸던 아키도 벌떡 일어났다.

"우아, 진짜 커다란 피라미드다! 이집트 사람들 대단해!"

그런 아키를 보며 흐뭇하게 웃던 현준이 앉아 있던 곳의 뒤편을 가리켰다.

"참, 아키! 더 멋진 피라미드는 여기 있어."

현준이 가리킨 곳에는 쿠푸의 피라미드처럼 따사로운 햇볕을 받고 있는 자그마한 피라미드가 하나 있었다.

　　아키가 밤새 졸고 있을 때, 다리아와 현준이 마우를 기리며 만든 것이었다.

　　다리아가 작은 피라미드의 한쪽 면을 가리키며 말했다.

　　"자, 여기 네 발자국을 찍어서 마무리해 줘. 그럼 우리가 다같이 마우를 위한 피라미드를 만든 거야!"

　　다리아는 감동의 눈물을 흘리며 현준과 아키를 꽉 껴안았다. 아이들은 쿠푸의 피라미드와 마우의 피라미드를 번갈아 보며 환하게 웃었다.

　　아이들만의 피라미드도 이렇게 완성되었다.

게임판이 사라지자, 다리아가 아쉬운 얼굴로 현준과 아키를 바라보았다.

"이제…… 돌아가는 거지?"

"보고 싶을 거야, 다리아!"

아키의 눈이 그렁그렁해졌다. 그렇게 아쉬움을 뒤로하고, 아이들은 뜨거운 포옹으로 작별 인사를 나누었다.

현준이 귀신을 본 듯 소리치며 벌떡 일어났다.

"아키! 네가 왜 여기에 있어?"

현준을 보고 놀라기는 아키도 마찬가지였다.

"너는 누구냐? 나를 아는 거냐?"

"나는 현준인데…… 나를 몰라?"

"아, 내 집사 현준이구나! 게임 밖에서는 어른의 모습인가 보군?"

아키가 어른이 된 현준의 모습을 이리저리 훑어보았다. 현준도 얼떨떨한 마음에 어른으로 돌아온 자신의 몸을 만져 보았다.

책상 위에 있는 주사위와 눈앞에 있는 아키가 아니었다면, 이 모든 게 꿈이었다고 생각했을 것이다.

아키가 현준의 책상 위로 훌쩍 뛰어올라서 외쳤다.

"집사! 나 배고파. 배고프다고!"

아키를 보며 현준은 생각했다.

어쩐지 또 다른 게임이 시작된 것 같네.

아키는 이미 이 상황에 완전히 적응해 있었다.

현준은 한숨을 푹 내쉬었지만, 얼굴에는 미소가 가득했다. 아키를 쓰다듬자 아키가 기분 좋은 소리를 내며 현준의 다리에 꾹꾹이를 하기 시작했다.

게임에 지친 몸과 마음이 스르르 풀리는 순간이었다.

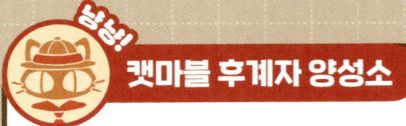

피라미드에 숨은 권력

오늘의 비밀 수업

"피라미드에는 엄청난 권력과 에너지가 숨어 있어."

"집사, 운동 좀 해야겠다."

캣마블 비밀 꿀팁

고대 이집트의 계급도

고대 이집트에서는 파라오가 나라를 다스리면서 계급이 형성되었어. 가장 위에는 신과 같은 존재로 여겨진 파라오와 왕비, 그 아래에는 신을 섬기는 성직자, 귀족, 관리 같은 상류 계급이 있었지. 그다음으로는 군인, 서기, 상인, 그리고 가장 아래 계층에는 농부와 노예가 있었어.

파라오
귀족, 성직자, 관리
군인, 서기, 상인
농부, 노예

피라미드의 에너지가 보여 주는 파라오의 권력

쿠푸 왕의 대 피라미드는 높이가 약 146미터로, 건설된 이후 무려 3,800년 동안이나 세계에서 가장 높은 건축물로 기록됐어. 이 피라미드를 짓는 데에는 평균 무게 약 2.5톤짜리 돌이 약 230만 개나 사용되었다고 해. 이처럼 거대한 돌을 높은 곳까지 하나하나 옮겨 쌓기 위해서는 엄청난 노동력과 시간, 자원이 필요했겠지? 크고 무거운 돌을 끌어올리는 데 쓰인 힘을 '운동 에너지', 그렇게 완성된 피라미드의 높이를 '위치 에너지'라고 보면, 피라미드는 엄청난 에너지가 응축된 건축물인 셈이야. 즉, 피라미드는 단순한 무덤이 아니라, 파라오의 절대적인 권력을 상징하는 거대한 기념물인 셈이야.

어쩐지. 내가 해봤는데, 보통 힘든 일이 아니더라. 무시무시한 파라오의 권력!

건축물의 에너지 차이로 보는 권력의 차이

▲ 이라크 우르에 위치한 지구라트의 모습

지구라트는 메소포타미아 지역에 지어진 계단식 신전이야. 지구라트도 고대에 지어진 건축물이지만, 쿠푸의 피라미드가 지구라트보다 크기도 부피도 더 거대해. 이는 지구라트는 도시 국가 수준의 권력을, 피라미드는 거대한 왕국 수준의 권력을 상징한다고 할 수 있어.

아키의 노트 필기

고대 이집트는 계급 사회였고, 파라오가 가장 높은 자리에 있었다. 피라미드는 큰 에너지가 응축된 건축물로, 파라오의 강한 권력을 보여 준다. 건축물이 가진 에너지를 통해 그 건축물이 상징하는 권력의 정도를 알 수 있다.

에필로그 게임은 계속된다!

　캣마블 본부는 아주 시끌벅적했다. 신나는 음악이 본부 전체를 쿵쾅쿵쾅 울리고 있었다.
　캣마블 요원들이 냥구슬을 바라보며 축하의 노래를 불렀다.
　"피라미드를 지키는 마블링이 돌아왔다!"
　요원들은 노래를 부르고 춤도 추면서 축하 파티를 즐겼다.

야호, 돌아왔다!
마블링이 돌아왔어!

그런데 갑자기 한 요원이 깜짝 놀란 얼굴로 냥구슬을 가리켰다.
"하아아악!"
꼬리를 잔뜩 부풀리며 하악질까지 하는 요원의 모습에 본부에 울려 퍼지던 음악이 뚝 끊겼다. 모두가 조용히 냥구슬을 바라보았다.

호야 님, 또 다른 마블링이 깨지기 시작했습니다!

저기는 프랑스 파리의 에펠탑이 아니냐?

랜드마블 퀴즈

1. 아래 문장을 보고 맞으면 O, 틀리면 X로 표시해 보자.

① 세계 4대 문명은 메소포타미아 문명, 마야 문명, 인더스 문명, 그리고 이집트 문명이다. (O / X)

② 나일강은 적도에서 아프리카 대륙 북쪽 방향으로 흐른다. (O / X)

③ 원래 피라미드는 새하얀 모습을 하고 있었다. (O / X)

④ 기자 지구의 3대 피라미드는 스네프루, 쿠푸, 카프라 왕의 피라미드다. (O / X)

⑤ 쿠푸 왕의 피라미드는 거의 완벽한 정삼각뿔의 건축물이다. (O / X)

2. 아래 문장에서 빈칸에 들어갈 알맞은 단어를 채워 넣어 보자.

① 피라미드는 고대 이집트를 다스리는 최고 통치자 🐾🐾🐾를 위해 만들어진 무덤이다.

② 카프라 왕의 피라미드 동쪽에는 피라미드의 수호신으로 불리는 거대한 🐾🐾🐾🐾🐾가 자리 잡고 있다.

③ 고대 대형 건축물의 상당수가 피라미드와 같은 🐾 모양이다.

3. 나일강의 길이는 약 몇 킬로미터일까?

① 약 2,400킬로미터　　② 약 4,500킬로미터
③ 약 6,700킬로미터　　④ 약 9,360킬로미터

4. 이집트 제4왕조의 첫 파라오로, 지금 우리가 아는 피라미드의 형태를 처음 성공시킨 왕은?

① 멘카우레　② 스네프루　③ 쿠푸　④ 카프라

5. 다음 두 상황에 공통으로 어울리는 단어는?

① 불고기
② 불가피
③ 불가능
④ 불호령

BONUS 나만의 피라미드와 스핑크스를 그려 보자!

숨은 낱말 찾기

이집트 피라미드와 관련된 낱말들이 가로, 세로, 대각선으로 뒤섞여 있어.
아래 설명에 해당하는 낱말을 찾아 퍼즐 속에 동그라미 쳐 보자.

양	링	블	마	드	랜
파	스	아	마	존	나
라	피	호	사	야	일
오	아	루	석	외	강
전	키	스	스	회	후
쿠	푸	아	리	다	암

1. 세계에서 손꼽히는 긴 강으로, 아프리카 내륙에서 북부로 흘러 지중해로 빠져나가는 강.
2. 단단한 정도는 약하지만 원하는 크기와 모양으로 깎기 쉬워서 건축 재료로 많이 쓰이는 돌. 피라미드 건축에 많이 쓰였다.
3. 스네프루 왕의 아들로, 대 피라미드의 주인.
4. 매의 머리를 한 태양의 신. 고대 이집트 사람들은 이 신이 파라오가 되었다고 믿었다.
5. 고대 이집트에서는 이 식물의 줄기로 종이를 만들었고, 배를 만들어 타기도 했다.

다른 그림 찾기

현준과 아키, 다리아가 악어에게 쫓기고 있어!
아래 두 그림을 비교해서 다른 부분 다섯 곳을 찾아 동그라미 쳐 보자.

이집트 Egypt

이집트는 아프리카 대륙 북동쪽에 있는 나라야. 옛날에는 파라오가 다스리던 나라였는데, 피라미드와 스핑크스 같은 멋진 유물이 있지. 지금은 나일강을 끼고 도시가 발전했어. 물론 여전히 나일강 근처에서 농사도 짓고 있어.

수도 카이로

언어 아랍어

종교 이슬람교 90퍼센트, 기독교 10퍼센트

화폐 단위 이집트 파운드(EGP, £E)
               1파운드 = 약 28원

국기 의미 빨강은 혁명과 투쟁에 의한 피, 하양은 평화와 밝은 미래, 검정은 칼리프 시대의 영광과 지난날의 암흑시대를 상징한다. 가운데에는 금색으로 이집트의 국장이 새겨져 있다.

인구 약 1억 1,261만 8,250명 (세계 14위)

면적 약 100만 1,450제곱킬로미터 (세계 29위)

*2025년 6월 기준

꼭 말해 보자!

السلام عليكم
앗살라무 알레이쿰
안녕하세요.

صباح الخير
사바흐 알카이르
좋은 아침입니다.

شكرا
슈크란
고맙습니다.

عفوا
아푸완
천만에요.

آسف
아씨프
미안합니다.

앗살라무 알레이쿰!

사바흐 알카이르!

꼭 먹어 보자!

쿠샤리(Kushari)

면이나 밥 위에 토마토소스와 콩을 얹어 먹는 전통적인 이집트 주식이다. 파스타나 쌀 위에 풍미 가득한 토마토소스, 마늘, 식초를 얹고 병아리콩과 바삭하게 튀긴 양파를 곁들이면 끝!

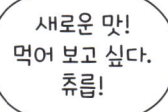

새로운 맛!
먹어 보고 싶다.
츄릅!

꼭 가 보자!

 이집트의 신비한 유적과 유물! 정말 빠져들 수밖에 없어.

 피라미드 말고도 볼 게 많네!

기자 피라미드와 스핑크스

기자 지역에는 세 개의 큰 피라미드가 있어. 그중에서 가장 유명한 것은 쿠푸 왕의 피라미드로, 세계에서 가장 높은 피라미드야. 현대 건축 장비 없이 이런 건축물을 세웠다는 건 정말 놀라운 일이지. 피라미드 내부의 좁은 통로를 따라 들어가면 왕의 방도 볼 수 있어.

스핑크스는 사람 얼굴에 사자 몸을 한 거대한 조각상으로, 피라미드를 지키는 수호자라고 해. 카프라의 피라미드 근처에서 만날 수 있지. 피라미드 앞에서는 낙타를 타거나, 사진을 찍으며 멋진 추억을 만들 수 있어.

카이로 이집트 박물관

고대 이집트의 보물들이 가득한 박물관이야. 10만 점이 넘는 유물이 전시되어 있어서 하루 종일 둘러봐도 다 못 볼 정도야.

가장 유명한 전시물은 '투탕카멘 왕의 황금 마스크'인데, 진짜 금으로 만들어져서 반짝반짝 빛나. 이뿐만 아니라 미라 전시관도 있는데, 옛날 왕들과 귀족들이 미라가 되어 있는 모습을 직접 볼 수 있어. 고양이나 악어 같은 동물 미라도 있다고!

룩소르의 카르나크 신전

룩소르는 고대 이집트에서 가장 중요한 도시 중 하나였어. 룩소르에 있는 카르나크 신전은 돌기둥만 수백 개가 넘는, 세계에서 가장 큰 신전 중 하나야. 아파트 6~7층 높이만큼 되는 기둥도 있지. 기둥 벽에는 신과 파라오의 이야기가 새겨져 있어. 낮에는 웅장한 느낌이고, 밤에는 조명 쇼 덕분에 신비로운 분위기가 더해지지.

아부 심벨 신전

이집트 남쪽에 있는 거대한 신전으로, 람세스 2세 왕이 만들었어. 신전 입구에 네 명의 왕의 석상이 있는데, 높이가 20미터가 넘어서 사람과 비교하면 정말 거대해. 한때 댐 공사 때문에 물에 잠길 위기도 있었지만, 신전을 통째로 해체하고 다시 쌓아서 지금의 위치에 두었어.

나일강 전통 배 투어

펠루카는 엔진 없이 바람의 힘으로 움직이는 전통 나무배야. 배를 타고 나일강을 따라 피라미드, 신전, 도시 풍경을 감상할 수 있어.

낮에는 햇살을 받으며 나일강의 시원한 바람을 즐기고, 저녁에는 강에 비치는 아름다운 석양을 감상할 수 있어.

현준의 탐험 일기

캣마블이 보낸 수상한 택배를 연 그날, 정신을 차려 보니 이집트 사막 한복판이었어. 몸은 아이가 됐지만, 정신은 여전히 어른인 나라니, 정말 믿기지 않는 일이었지.
캣마블의 정체는 대체 뭘까?

1 탐험 목표

사막에서 아키와 다리아를 만나면서, 랜드마블 게임이 시작되었어. 랜드마크를 지키는 게임이라는데, 랜드마크는 왜 위험에 빠졌을까? 그리고 이 요상한 게임이 랜드마크를 지키는 것과 무슨 관련이 있을까?

2 탐험 과정

채석장에서 돌을 캐고, 피라미드 안에 갇히기도 하면서 게임을 이어 나갔어. 그리고 악어에게 잡아먹힐 뻔도 했지. 피라미드가 완성되는 순간을 내 눈으로 직접 봤을 땐, 건축가로서 가슴이 뭉클했다고!

3 느낀 점

다리아와 함께 작은 피라미드를 만들며 마우를 기렸던 순간도 잊을 수 없어. 기억하고 싶은 존재를 위해 만든 우리만의 기념비였지. 랜드마크는 단순한 건축물이 아니라, 사람들의 마음과 시간이 쌓인 소중한 유산이라는 것을 다시 한번 느꼈어.

4 탐험 스케치

눈앞에 나타난 피라미드는 엄청 크고, 웅장했어. 햇빛에 반짝이는 모래와 피라미드를 보니 시간이 멈춘 느낌이었지. 나는 열심히 피라미드를 스케치했어. 그 순간을 영원히 기억하고 싶었거든.

내가 그린 피라미드야. 어때, 멋지지?

주변에 모래가 많군. 내 전용 화장실을 찾았어!

어휴, 못 말려.

• **이미지 출처**
위키피디아 (29, 147쪽)
게티이미지코리아 (46~47, 66~67, 88~89, 107, 135, 146, 148~149쪽)

유현준의 세계 건축 대모험
1 이집트 : 피라미드 대탈출

기획 유현준 | **글** 강지혜 | **그림** 불곰

1판 1쇄 발행 2025년 7월 9일
1판 2쇄 발행 2025년 7월 29일

펴낸이 김영곤
프로젝트3팀 이장건 박예진 김혜지 김정현
마케팅팀 남정한 한경화
영업팀 정지은 한충희 장철용 강경남 황성진 김도연
외주편집 권유정 **디자인** 박숙희
제작팀 이영민 권경민

펴낸곳 ㈜북이십일 아울북
출판등록 2000년 5월 6일 제406-2003-061호
주소 (10881) 경기도 파주시 회동길 201(문발동)
대표전화 031-955-2100 **팩스** 031-955-2177 **홈페이지** www.book21.com

ⓒ 2025 유현준 · 강지혜 · 불곰

ISBN 979-11-7357-216-6 74900
ISBN 979-11-7357-215-9 74900 (세트)

책값은 뒤표지에 있습니다.
이 책 내용의 일부 또는 전부를 재사용하려면 반드시 ㈜북이십일의 동의를 얻어야 합니다.
잘못 만들어진 책은 구입하신 서점에서 교환해드립니다.

- 제조자명 : ㈜북이십일
- 주소 및 전화번호 : 경기도 파주시 문발동 회동길 201(문발동) / 031-955-2100
- 제조년월 : 2025.7
- 제조국명 : 대한민국
- 사용연령 : 3세 이상 어린이 제품

다양한 SNS 채널에서 아울북과 을파소의 더 많은 이야기를 만나세요.

인스타그램 @owlbook21 | 페이스북 @owlbook21 | 네이버카페 owlbook21 | 유튜브 @아울북&을파소

* 캣마블 레벨 업! 정답

142~143쪽

1. ① X ② O ③ O ④ X ⑤ X

2. ① 파라오 ② 스핑크스 ③ 뿔

3. ③   4. ②   5. ④

144쪽

양	링	블	마	드	랜
파	스	아	마	존	나
라	피	호	사	야	일
오	아	루	석	외	강
전	키	스	스	회	후
쿠	푸	아	리	다	암

145쪽

* 랜드마블 게임 규칙 *

① 랜드마크를 보호하는 마블링에 문제가 생기면, 캣마블 리더 또는 후계자가 인간 집사와 함께 게임을 진행한다.
② 주사위를 던지면 게임이 시작되고, 랜드마크가 지어질 당시의 그 지역으로 이동한다.
③ 게임을 진행하며 탐험 카드의 미션을 수행하고, 모든 보상을 얻은 뒤에 반환점을 통과하면 게임은 끝이 난다.

게임 팁

 고양이 칸(탐험 카드 칸).
탐험 카드를 얻을 수 있다.

 이동한 시공간에 따라 다른 칸이 있으며, 칸의 역할 또한 서로 다를 수 있다.

 몬스터 칸.
위험에 빠질 수 있으니 주의할 것!

주의

① 게임을 시작한 인간 집사는 아이의 모습으로 바뀐다.
② 이동한 시공간에서 처음 만난 현지 캐릭터와 함께 게임을 한다.

현준와 아키의 비밀 책방에 온 것을 환영합니다!

『물리박사 김상욱의 수상한 연구실』

우리 곁에서 살아 숨 쉬는 장난꾸러기 물리 이데아들을 잡으며 물리와 사랑에 빠지자!

아키의 추천

건축엔 엄청나게 많은 과학 원리가 숨어 있지. 겁먹지 말고 이 책을 펼쳐 봐.

책 보러 가기

『어쩔뚱땡! 고구마머리TV』

고구마머리 탐험대와 함께 상상의 나래를 펼치며 재미있는 과학 지식을 배우고 스스로 생각하는 힘을 기르자!

현준의 추천

고구마머리도 우리처럼 흥미진진한 모험 중이라고~!

책 보러 가기

정말 재밌어 보이는데?

이 책들을 읽으면 다음 모험에 도움이 될 거야!